こうしてロスチャイルドの金融支配は崩壊する

1%寡頭権力支配を撃ち砕くビットコインのすべて

Counterfeit Money

The day the Rothschild's financial domination will come to an end.

宮城ジョージ
George Miyashiro

ヒカルランド

世界では今、
「逆産業革命」が起きている。
すなわち権力と富が
一部の人間に集中する体制が
壊れ始めたということである。

インターネットは
様々な分野で革命を起こしてきた。
そして次なる革命は間違いなく
通貨革命である。
これは仮想通貨の流通によって
現実となりつつある。
その革命の中心となるのが
仮想通貨の王様であるビットコインだと
私は確信している。

ビットコイン中心の世の中になれば、
カモフラージュではなく、
本物の民主主義が
誕生するだろう。
だから私は
本物の民主主義の誕生が
楽しみだ。

デザイン　重原 隆
校正　麦秋アートセンター
本文仮名書体　文麗仮名（キャップス）

前書き

　本書を手にした読者の中には、ニュースでビットコインがたびたび取り上げられているのを見たことがある方も多いだろう。

　ビットコインとは、ひとことで言えば「仮想通貨」である。仮想通貨とは簡単に言うならインターネット上に存在する通貨のことであり、現在私たちが使用している貨幣と同じように、物品やサービスの対価として使用でき、専門の取引所を介して円やドルとも交換することができる「お金」である。

　この仮想通貨は現在700種類以上あるとも言われており、筆者は今後、この仮想通貨が世の中の主流の決済手段になると見ている。

　特に人気の仮想通貨として現在も値上がりを続けているビットコインは、2017年10月現在、1BTC（BTCとはビットコインの単位のこと）60万円以上で取引されている。ビットコインの運営が開始された2009年当初の1

BTCの価格が日本円に換算して1円以下であったことを考えると、驚くほどの価格高騰である。中には今後、この価値が1000万円以上にまで上昇すると見ている人たちもいる。

なぜ「ビットコイン」がこれほどまで値上がりを続けているのかという理由については本書で詳しく解説していくが、ビットコインへの注目が近年ますます高まっていることは事実で、ビットコインによる決済を受け付ける店も増え続けている。日本ではまだまだ利用できる店舗は限られているが、とはいえその数はゼロではなく、支払いをビットコインで受け付けるオンラインショップの数も少しずつではあるが増えている。

こうした現状を見ても、仮想通貨による決済は今後、間違いなく広がっていくと思われる。さらに仮想通貨の決済は、国際送金やクレジットカードの決済よりも手数料がはるかに安いという特性があり、このような利点が仮想通貨の普及を

ビットコインによる決済を導入したビックカメラ

今後さらに推し進めることは間違いないだろう。

例えばクレジットカードであれば、カードの種類やお店によっても異なるが、通常は3%〜6%の支払い手数料が加盟店に請求されている。そのため、店によってはクレジットカード決済の最低金額を設けている。しかし、ビットコインやリップルコインの取引手数料は0〜1%で、クレジットカードとは比較にならないほど安い。

他にも仮想通貨には様々なメリットがあり、それについても本書で詳しく解説していきたいと思うが、いずれにせよ、仮想通貨は利用者にとって、クレジットカードや現金より圧倒的にメリットが大きいということは確かであり、だからこそ、この仮想通貨は今後世界で大きな通貨革命を起こすことになると、多くの経済評論家も認めている。

通貨革命が起こるとはどういうことか。それは既存の通貨システムの崩壊を意味し、現在の金融支配の体制が大きく変わっていくということを意味している。

ビットコイン支払いが可能な店舗にはこのマークがある

読者の中にはすでにご存じの方もいるだろうが、現在の金融システムを作り上げ、世界の中央銀行を支配しているのはロスチャイルドである。しかし、今、仮想通貨の登場によって、このロスチャイルドによる金融支配の歴史が大きく揺るがされているのだ。そして筆者は、仮想通貨の中でも特に「ビットコイン」がロスチャイルドから金融支配権を奪い取る力を持っていると確信している。

本書はビットコインを中心に、今、世界に広がりつつある仮想通貨が、今後どのように世界に革命を起こすのか、その可能性を伝えていきたいと思う。

宮城ジョージ

目次

第2章 ビットコインがロスチャイルドから通貨発行権を奪還する！ 53

第5章 法整備されていない今が資産をビットコインに移す時期！これからの世界の決済は仮想通貨が中心となる

第1章

社会に革命をもたらしたインターネット／ビットコインは、ここから誕生した！

国境を超えて誕生した仮想通貨

インターネットが普及している現代社会で誕生したのがビットコインに代表される仮想通貨である。これは、目に見えない新しい仮想上のお金（発行元がないので通貨というよりゴールドに似たもの）を利用者同士で、価値あるものとして交換するという考え方から成り立っている。目に見えないものを通貨と捉えることに対して不安を持つ人もいるが、実際にビットコインで決済ができるお店やオンラインショップは増え続けており、市場規模は広がる一方である。

第3章で解説するが、ビットコインには、中央銀行のような中央管理機関が存在せず、取引台帳を利用者同士で管理できる「ブロックチェーン」と呼ばれる強固な仕組みが成り立っている。ハッカーなどによってブロックチェーンの改ざんが起きないように管理するのは、中央機関ではなく、複雑な演算を解くマイナー（採掘者）と呼ばれる利用者たちである。そしてこのビットコインの取引で利用する「公開鍵番号方式」という仕組みと「マイニング」という仕組みこそが、中央銀行が発行する紙幣の信用（ロスチャイルドの通貨発行権）を脅かす能力を持っていると筆者は確信している。これについては後ほど詳しく解説するが、まずは仮想通貨を生んだインターネットがどのように世界に革命を起こしてきたのか、その歴史を見ていきたい。

インターネットが普及してから世界に革命が起きた！

インターネットが普及する前の世界とインターネットがあって当たり前の現代を比べてみるとまったく違うのは言うまでもないだろう。インターネットは社会全体に革命と言えるほどの大きな変革をもたらした。読者の皆さんは、最近ＣＤを買ったことがあるだろうか？　筆者が最後にＣＤを買ったのは、いつだったかも思い出せないぐらい遠い昔の話である。音楽をダウンロードするのが当たり前の現代において、ＣＤを買う人は激減しており、音楽業界は衰退しつつある。

また、電子書籍の普及によって出版業界も大不況に陥った。特にアメリカは日本に比べると電子書籍の売り上げが大きい。日本は国土が狭い鉄道社会だが、アメリカや筆者が生まれたブラジルは、国土の広い車社会である。日本では考えられないことだが、国土の広いアメリカやブラジルでは最寄りの書店が家から数百キロ離れていることも珍しいことではない。そのため、そのような環境に住んでいる人々はおのずから電子書籍を利用するようになる。日本は、まだまだいたるところに書店があるため、紙の本も他国に比べると売れている状況ではあるが、それでも全体の販売部数は右肩下がりになっている。

このように考えると、日本でも電子書籍が中心の時代が到来するのは、もはや時間の問題ではないかと思われる。電子書籍のコストは紙の本よりも安く、場所も取らないといった利便性がある。しかも同じ内容の本であるのに、電子書籍だと紙の本よりも安く購入できることもある。いくら書店に簡単に行けるとしても、安くて便利なものがあれば、消費者はそちらを選ぶだろう。

また、インターネットの普及によって誰でも多くの情報にアクセスが可能となったことも紙の本が売れなくなっている原因かもしれない。実際に筆者の周りには「インターネットがあるからもう本を読む必要がない」と考えている知人が多くいる。

紙の本が売れなくなっている昨今だが、どうやら電子書籍を売ることさえも簡単ではない時代のようだ。基本的には無料で閲覧できるインターネット上の情報に、わざわざお金を出すような行為は無意味だからだ。インターネットに掲載されている以上の情報価値がなければ紙の本を買う人はいなくなるというのは当然である。

不況に陥ったテレビ業界と広告業界／ネット広告のコストは0が2つ違う！

近年、出版業界以外にも大不況に陥った業界がある。テレビ業界や広告業界だ。多くの企業はテレビや紙の広告からネット上の広告にシフトチェンジしている。それもそのはず、ネット広告はコストが圧倒的に安いのだ。実際に、筆者がテレビ等のＣＭ制作を行う会社に勤めていた知人に話を聞いたところ、不況による人員削減が業界全体で行われているという。

その知人も、業界には未来がないことが目に見えていたという理由で、別の業界に転職をしたが、彼はこのように語っていた。

「うちの会社が100万円かけて行ってきた仕事が、ネットではたったの1万円で済む。0が2つ違うんだよ！　今は価格競争にさらされて、業界全体がお手上げ状態だ。費用対効果を見ると、ネットで広告を出した方がいいから、広告主はネットへのシフトチェンジをしている。このままでは、広告業界に未来はない……」

ネット広告の費用が圧倒的に安いということは、筆者も知っていたが、まさかこれほどの差がある（0が2つ違う！）とは思わなかった……。コストを100分の1にまで下げたインターネットの力は、やはり強大であると実感した次第である。インターネットは多くの革命をもたらしたが、なかでも強烈なのは価格革命だろう。モノではなくデータを扱うネットの世界では、大幅なコストカットが可能なのである。

インターネットの登場で、オモテに出てきた情報は６００倍以上になった⁉／もはやテレビに情報を求めるのは時代遅れだ

インターネットはその利便性と低コストなどの理由で、ビジネスにおいても大きな革命をもたらした。しかし、それだけではなく、人と人とのつながりにも大きな革命をもたらしている。

現在、Facebook や LINE のようなＳＮＳ（ソーシャルネットワーキングサービス）は、当たり前のように社会に浸透している。若年層で Facebook や LINE を利用していない人はむしろマイノリティである。

LINE はスマートフォンやパソコンがインターネットにつながっている限り、国内外の知人や家族と無料でメッセージのやりとりや音声通話ができる非常に便利なアプリケーションである。LINE が登場してからは、携帯電話のメールを利用する人が少なくなった。LINE は無料で通話ができるうえ、メッセージの送受信はメールよりも速い。

同じくFacebookも非常に利便性が高い。筆者は、Facebookのおかげで、学生時代の同級生らと再会することができたし、海外滞在中や留学中に知り合った友人ともFacebook上でつながっていれば、何か用事があった時にも簡単に連絡が取れるようになった。そのため今では高い料金を払って国際電話などをかける必要もない。

繰り返しになるが、インターネットは、世界に大きな情報革命を引き起こした。インターネットが一般家庭に普及するようになって以来、人々の生活は大きく変化したのだ。

また、インターネットの普及によって、私たちはこれまで意図的に隠されてきた情報にもアクセスすることができるようになった。一説によると、インターネットによってオモテに出てきた情報量はインターネットが存在する前の世界の**600倍以上**になったと言われている。この数値が正確であるかは定かでないが、インターネットの普及により、今まで一部の人間が独占していた情報が、誰でも閲覧できるオープンなものになったことは紛れもない事実である。

さらに、ネットのおかげでマスコミが偽装する報道や封じる報道も次々と丸裸にされた。テレビ業界は広告主がいて、ビジネスが成り立っている。そのため、テレビは広告主に都合の悪い報道はできない。しかし、インターネットの世界にはそのようなしがらみがない。その結果、たくさんの隠しきれなくなった情報が次々と明るみに出ており、マスコミの報道の信憑性《しんぴょうせい》を疑う人も多くなった。これもテレビが視聴率を取れなくなっている要因のひとつだが、当然の結果と言える。

テレビは視聴率を取らなければスポンサーに違約金を支払わなければいけないし、契約更新時に条件が悪くなることを恐れて、視聴率の取れる話題ばかりを報道したがる。何が真実なのかではなく、「何が視聴率とスポンサーの機嫌を取れるのか」を気にする体制ができあがってしまっているのが今のテレビ局である。だからこそ、テレビは根も葉もないことを平気で報道したり、事実を誇張して報道したりもする。

「ニュース」といえば、テレビや新聞だけで見るものだったが、インターネットがある今では、テレビや新聞で取り上げられる前にネット上で情報を得ることができる。

筆者は、普段あまりテレビを見ないが、たまにテレビをつけてニュース番組を見ると、すでにニュースサイトに投稿された内容を放送しており「もうネットで見たよ！」とツッコミを入れたくなるような報道が非常に多い。

現代は情報が欲しい時は「ググる」のが当たり前の時代だ。筆者も何らかの情報について調べたい時は当然Googleや Yahoo! で検索するのが当たり前の習慣になっている。テレビに情報を求めることは、もはや時代遅れと言える。これからは主体的に情報を選択していく時代なのである。

テレビの視聴時間より YouTube の視聴時間の方が長い！

インターネットの普及により、映像業界でも革命が起きている。その革命を起こしたのが、世界最大手動画サイトの YouTube だ。YouTube は単なる動画サイトではなく、親会社の Google に次いで世界第2位の検索サイトになっており、動画サイトの代名詞となっている。しかも２０１２年以降、テレビの視聴時間よりも YouTube の視聴時間の方が長いというデータが存在していることとを読者の皆さんはご存じだっただろうか。

YouTubeの利用者が増えている背景には、やはりその利便性が挙げられる。テレビは録画できるものの、基本的にはテレビの放送時間に視聴者が合わせて視聴しなければいけない。しかし、YouTubeは自分の都合のいい時間に視聴ができる。

また、YouTubeでは世界中の動画を視聴することができる。日本語は日本列島でしか使われていないため、日本人が海外のニュースや番組を見ることは、ほとんどないかもしれないが、他の言語は違う。例えば、英語の話せるアメリカ人はアメリカ国内の番組だけではなく、カナダ、イギリス、オーストラリア、ニュージーランドといった国々の番組や個人がアップロードをした動画を視聴することが可能なのだ。またイスラム圏の多くはアラビア語を公用語としているため、自国以外のイスラム圏国家の映像を視聴することができる。

筆者が生まれたブラジルの公用語はポルトガル語で、筆者は生まれてから10歳までブラジルに住んでいたので、幼少期は当然ながらブラジルのテレビ番組を見ていた。そして日本にいる今も、YouTubeのおかげで地球の裏側のブラジルの番組はもちろん、ポルトガルのニュースも見ている。このようにYouTubeは映像業界をボーダレスにしたのだ。世界のボーダレス化はこうしたメディアの登場によってますます加速しているように思える。

本物のジャーナリストが世界中で誕生した／個人メディアの誕生がマスコミの捏造を暴く時代

インターネットのおかげで、世界中に真実を配信する本物のジャーナリストが次々と誕生している。従来、日本で総理大臣をはじめとした要人や警察の取材をするためには「日本記者クラブ」という腐敗した組織に加盟しなければいけなかった。つまり、フリーランスのジャーナリストたちは門前払いを食らう仕組みになっていたのだ。だが、ネットのおかげでこの仕組みも明るみに出て、警察や政府の不都合が次々とインターネット上で配信されることとなった。

また、莫大《ばくだい》な広告料（口止め料）を餌にしてテレビが封印してきた大企業の〝不都合〟も今ではどんどん表沙汰になってきている。これらはすべて、ネットジャーナリストが世界中で誕生して活躍しているおかげである。とはいえネット上には根も葉もない情報も出ているため、ネットの情報に懐疑的な目を向ける人もいる。だが、それ以上にこれまで権力者たちが必死に隠そうとしてきた情報の多くが公にされてきたことを忘れないでいてほしいと思う。

現代のジャーナリストは、スポンサーの顔色を見ながら仕事をする必要はない。収入源という面で言えば、アフィリエイト収入やネットの広告収入で稼ぐという手段もある。筆者は個人サイトのアフィリエイト収入や広告収入で月60万円を稼いでいる人に実際に会ったことがあるが、ネット上の広告収入やアフィリエイトで月１００万円以上を稼いでいる人たちもいるという。個人メディアでは、特定の個人や法人の意向に沿って活動する必要はなく、生活していけるだけの収入を得ながら情報を配信することが可能であるため、こうした仕組みを上手《うま》く活用しながら世界中で本物の情報を配信する本物のジャーナリストが次々と誕生しているのだ。もはやこの流れには逆らえないだろう！

今まではテレビ、新聞、週刊誌といったメディアを持つ報道機関に勤めている記者にしか情報配信が許されていなかった。しかし、今ではブログや

YouTube等で誰でも配信ができる世の中になった。これがいわゆる「個人メディアの誕生」だ。

世界には大手メディア並みに情報を配信する能力を持っている個人が存在する。情報配信の分野でインターネットがもたらした革命のひとつがこれだ。企業にしかできなかったことが個人でもできるようになったのだ。だから、権力者たちは自分たちにとって不都合な事実を隠すことがどんどんできなくなっているのだ。

かつての有名人はマスコミに報道されるがまま、反論する機会すら与えられなかったが、現代ではマスコミに根も葉もない報道をされたとしてもブログやSNSで弁解することができる。例えば、芸能人の交際に関する話が報道されると、本人はすぐさま言い分を配信する。そして彼らは自らの言葉で事実なら事実、違うなら違うということを発信する。これはネットが普及する以前は考えられなかったことだ。明らかに以前に比べてマスコミの捏造《ねつぞう》報道が通用しにくくなっているのだ。

警察は違法な職務執行をしにくくなっている！

個人メディアの誕生で、警察も違法な職務執行をしにくくなっている。なぜなら、個人が警察の違法な行為を発信できるだけの力を持つようになったからだ。YouTubeには個人がアップロードをした警察官とのやりとりの動画が数えきれないほどある。筆者も警察官とのやりとりでは必ずスマホを向けて映像を録画するようにしている。警察官も人間だから嘘をつく。その際に証拠を動画として残しておくのだ。

筆者の知り合いに、法的義務のないはずの職務質問を受けた上に、無理やりパトカーに乗せられて半日ほど警察署に監禁された知人がいる。彼は警察に苦情を申し立てたが、警察官たちは「自分の意思でパトカーに乗った。強制をした事実はない」と開き直ったという。

それ以降、弁護士のアドバイスもあって、その知人は警察とのやりとりをスマホで録画することにしている。ちなみに筆者は職務質問を受けた際にカバンの中にあったカメラを警察官に向けたら「切ってもらっていいですか?」と言われたことがある。「法的根拠がないから切りません」と言ったら警察官は反論できなかった。違法な職務執行をYouTubeにアップロードされたくないのが警察の本音だ。カメラを向けられた状態で無理やりパトカーに乗せて、そして後から「強制してない」と嘘はつけないのだから。

従来の方法で食べていけなかった職業で食べていけるようになった

生計を立てていくのが難しい職業というのが世の中には多数存在する。その例をひとつ挙げるとしたらミュージシャンだ。従来のやり方（既存の音楽芸能事務所を通じてのデビュー）でミュージシャンとして食べていくのは至難の業である。メジャーデビューしてもミュージシャンだけで食べていけるのは1割にも満たないのが世の実情である。

実際にメジャーデビューを果たしCDも出しているシンガーソングライターの知人がいるから教えてもらったのだが、CDデビューをして、ある程度有名になってオリコンランキング10位以内に入ったとしても、それだけで食べていくのは難しいという。「3000円のアルバムが1枚売れても自分の取り分はたったの30円。1万枚売れたとしても30万円にしかならない。嫌になるよ……」知人はそう教えてくれた。これは1人でやっているシンガーソングライターの話で、バンドやユニットならその30円を人数分で割ることになるだろう。

ミュージシャンにとってライブやグッズの売り上げは貴重な収入源だが、7割～8割は事務所に持っていかれるらしい。このような音楽業界でミュージシャンとして生計を立てていくのは至難の業だ。しかしこの状況に〝待った〟をかけたのがインターネットだった。

なんと今、音楽芸能事務所に所属してメジャーデビューをしたわけでもなく、大して有名でもないのにミュージシャンとして生計を立てていける人たちが世界中にいるという逆転現象が起きているのだ。彼らは既存の方法を使わずに、YouTube等で自分のプロモーションビデオをアップロードしたり、個人サイトやSNS等で呼びかけをして集客したりしているのである。

ネットショップを開設して自分のCDやグッズの販売を行えば、本来事務所に7割～8割とられるマージンが自分の取り分になるからそれだけでも利益は大きい。ライブ収入にしても同じである。会場費用やその他かかる最低限の経費を除けば自分の儲《もう》けとなる。ちなみにシンガーソングライターとして活動している知人は事務所との契約が満了したら個人で活動をしていくと教えてくれた。事務所を通さないで活動した方がずっと実入りがいいからだという。

インターネットとパソコンの普及によって、誰もが個人メディアを持てるようになったこの世の中においては、ミュージシャンとしていつまでも音楽芸能事務所に所属するメリットはない。なぜなら、個人サイトで集客して直接商品やサービスを販売すればもっと大きく稼ぐこともできるからだ。

音楽業界だけではなく、出版業界やお笑いの世界でも、従来の方法ではデビューできなかった人がデビューできるようになった。作家であれば、どこの出版社からも出版を断られたが、Amazonのダイレクト・パブリッシングを使って電子書籍を出版したらベストセラーとなったという例が世界で何件もある。こうした著者たちは今では逆に出版社から「うちから本を出しませんか？」と声がかかるほどである。

ネットはより多くの人にチャンスを与え、革命を起こした。これから先、ミュージシャンや作家は音楽芸能事務所や出版社を通してデビューするという方法ではなく、ネットで直接自分の作品をアップロードすることによってデビューするのが一般的になるだろう。

ネットを通じてミュージシャンや作家としてデビューをした人は、いきなり世界デビューをすることさえある。日本語は日本でしか使われていないから感覚は摑《つか》みづらいが、同じ母国語を共有する国は世界に複数存在する。例えば、イギリス人が電子書籍を出版してアメリカで売れた例がある。アメリカとイギリスは同じ英語を母国語としているから起こりうる現象だ。ブラジルではYouTubeにお笑いの動画を投稿した人が有名になって、その後ポルトガルのテレビ番組に呼ばれた例もある。ブラジルとポルトガルは同じポルトガル語を使っているからこれも起こりうる現象だ。また韓国のミュージシャン、ＰＳＹ《サイ》の曲が全世界に拡散されたのもやはりYouTubeの影響で、世界中で「江南《カンナム》スタイル」が知られるきっかけとなった。

インターネットのおかげで本来デビューできない人がデビューし、しかも国内だけにとどまらず、いきなり世界デビューをすることは決して空想的な夢ではないのだ。日本人もAmazonで電子書籍を出版して世界デビューをすることは可能だが、語学力がない場合は、お金をかけて筆者のような翻訳家を通す必要があるのが実情だ。

実際に日本語で電子書籍の小説を出版して得た印税を翻訳費用に充てて中国語で翻訳出版をした人をネットで見たことがある。中国は世界一の人口を抱える国だから、その小説が中国で売れたら莫大な印税が入るのは間違いない。

YouTubeをきっかけに「江南スタイル」で大ブレイクしたPSY

テレビで見なくなった芸能人は個人メディアで稼いで食べていけるため既存の芸能事務所に頼らなくてもいい

突然芸能界を引退したり、テレビで見なくなった芸能人が多数いる。なかには仕事が激減して普通の人以下の生活を送っている人がいるのも事実だが、実はブログ等の個人メディアで稼げるだけの力をつけて所属事務所にさよならを告げたのである。

アイドルグループのメンバーが突然脱退するニュースを見たことがある人もいると思うが、なかにはその知名度を活かしてブログの記事を書いてアフィリエイト収入等を得て生計を立てている人もいる。

ある有名女性占い師が数年前にテレビから姿を消したのも、彼女が運営する有料サイトが莫大なお金を稼いでくれるから、もうテレビに頼る必要がなくなったのである。そのサイトを見ると、月会費500円で「1000万人に支持されたサイト」と書かれている。これが事実なら、500円×1000万人＝50億円もの大金を1ヶ月で稼いでいる計算となる。経費はサーバー代で月に数千円とたかが知れているから、ボロ儲けだ。既存の芸能事務所に所属していると、8割程度はマージンとして持っていかれるだろうから、それなりの知名度をつけたら個人メディアだけでやっていけばいい。芸能人が突然テレビから消えたら、それは稼ぐためにもうテレビや芸能事務所を必要としなくなったからかもしれない。

ここまで読んで気が付いた読者も多いかと思うが、インターネットとパソコンの普及で様々な業界で多くの人にチャンスが与えられた。テレビ局や新聞社に就職しなくてもジャーナリストになれるし、音楽芸能事務所に所属しなくてもミュージシャンになれるし、出版社を通さなくても作家になれる。個人サイト等で集客し、これらの業界で生計を立てている人が世界中にいる。ネットがなかった時代では考えられなかった現象だ。

ミュージシャンなら音楽芸能事務所のプロデューサーに気に入られてスカウトされないとなれなかったが、この方法はもう時代遅れと言っていい。これまでチャンスに恵まれなかった人々にもチャンスが与えられたのである。インターネットは全世界に革命をもたらした。そしてこのインターネットがもたらす次の革命こそが、本書でこれから述べる通貨革命である。

これからは会社に頼らずに個人のスキルで稼ぐ時代！／一部の富裕層の奴隷として生きる時代が終わる！

インターネットの普及によって個人で稼げる時代がやってきた。そしてインターネットの普及で仮想通貨までもが誕生し、今、お金の概念が大きく変わろうとしている。

これからは国家が発行するお金に頼らなくても支払いができる時代になる。そうなると会社に頼らずに収入を得られるように個人もスキルアップしなければならない。現代は名の知られた企業でさえも倒産し、社員を解雇する時代である。給料も一昔前に比べて明らかに安くなっている。

世界はグローバル化が進み、企業は簡単に国境を超えて海外に拠点を置く時代になっている。事実、世界中の製造業が中国に拠点を移した。理由は人件費が安いからだ。日本人が１ヶ月に30万円でやってくれる仕事を中国人は10分の１以下の３万円程度で引き受けてくれた。それが原因で製造業に従事する日本人は1990年代前半と比較すると半分以下になった。TPP（環太平洋連携協定）発効がなくてもこの流れは避けられないものになっている。インターネットがあるおかげで海外にいる人とも簡単に話をすることができるため、すべての仕事を日本国内でやる必要性がなくなっているのだ。そして多くの企業がこの流れについていけずに倒産している。公務員でない限り、誰でも突然会社をクビになる可能性があるから個人で稼いでいける方法を学んで実践していかなければならないのだ。

今後は仮想通貨の普及に伴って、お金の取引のあり方も変わり、その結果、さらに多くの仕事が奪われることになるだろう。そんな現代において「会社員」というステータスに拘《こだわ》る人がいまだに多くいる。だが、会社員というのは名ばかりで実態は奴隷である。会社員はすべてを会社に決められている。仕事をする場所、住む場所、仕事をする時間、仕事をする部署、一緒に仕事をする同僚、休憩を取る時間、休む日、給料、着る服、髪型等……冷静に考えると、これは奴隷以外の何ものでもない。生活そのものを会社に支配されている状態だ。

会社員には何の権限もない。その上、都合が悪くなるとクビを切られる。正社員だからといって安心とは言えないし、正社員もクビを切られる時代であることはニュースを見ていてすでにおわかりだと思う。さらに、日本の労働時間の長さは異常だ。日本の場合、有給が取れる企業はほとんどないから有給はあってないようなものだし、精神的に追い詰められて自殺を選ぶ人もいる。しかも、それほど必死になって長い時間働いているにもかかわらず、給料は先進国では安い方だ。どう見ても会社員は企業、正確に言えば一部の富裕層の奴隷でしかない。一部の富裕層の奴隷から脱却するためには、個人で稼げるスキルが必要なのだ。

収入源が会社の給料一本はリスクが大きい

会社員のほとんどが会社から支給される給料だけで生計を立てている。しかも、それが当たり前の世の中だから恐ろしい。収入源一本という生き方は経済的にかなりリスキーな生き方だ。会社をクビになれば、翌月から収入は0になってしまう。つまり会社に行かなければ生きていけなくなるということだ。ところが、収入源を複数確保すれば収入が減っても突然0になることはない。

会社一本に頼ると会社に支配されることになる。会社のやり方に不満があってもそれを口にすると「君の代わりはいくらでもいる。不満なら会社辞めろ！」と言われてクビになるだけだ。こんな環境では会社の理不尽な扱いに耐えるしかない。

会社に頼らずに生きるためには、従来のやり方のように収入源ひとつでは務まらない。収入源ひとつで生計を立てられるだけのお金を稼ぐことは並大抵のことではないからだ。それに収入源がひとつだと、その収入源が絶たれてしまうと0になってしまう。だから収入源を複数確保する必要があるのだ。

今の時代はインターネットがあるから、企業にしかできなかった仕事が個人でもできるようになった。複数の収入源を確保するということは、会社に時間を売るやり方が通用しなくなったということだ。会社員は自分の時間を限界まで会社に捧げるから複数の会社に勤めて複数の会社から給料をもらうことは不可能だ。そうなると、仕事を創るという創造性を持った個人や法人が「対価」

を提供する必要性があるのだ。

例えば、筆者は本書の出版元であるヒカルランドに3つの対価を提供している。1つは本を作るための原稿。本書がその例だ。また、筆者は語学を得意としているので、「翻訳」という対価も提供している。ヒカルランドからは『フリーメーソン・イルミナティの洗脳魔術体系』という本を英語から日本語に訳し、また『サイコパシー』という本はポルトガル語から日本語に翻訳し出版した。また、時にはヒカルランドパークで講演の講師として呼ばれることもあり、これもひとつの対価だ。印税や講演料は筆者にとって貴重な収入源ではあるが、決してこれだけに頼っているわけではなく、他にも収入源を持っている。このように、これからは複

サイコパシー
本体1,750円＋税

フリーメーソン・イルミナティの洗脳魔術体系
本体4,444円＋税

数の収入源を確保して生計を立てていくのが当たり前の時代なのだ。

今は海外から物を買う時代！／オンラインショップの増加で仮想通貨の需要は確実に高まっていく

今は非常に便利な時代だ。日本にいながら海外から物が買える。有名なサイトで言えば、Amazon、BUYMA、eBayなどがある。日本のAmazon会員は4000万人いると言われているから日本人の3人に1人はAmazonの会員という計算だ。

Amazonでは日本国内だけではなく、海外の物をも注文することができる。アメリカのAmazonは日本に直送するサービスを取り扱っているため、日本のAmazonに欲しい商品がなくてもアメリカのAmazonで見つかれば注文することが可能だ。また、日本のAmazonでもアメリカのAmazonでも販売されているが、アメリカのAmazonで購入した方が値段が安いという場合もある。アメリカでは人気がないけれども、日本では大人気だという商品があったりするからだ。あるいはその逆もある。

BUYMAというサイトも面白い。世界各国のブランドが販売されているが、日本に未上陸のブランドや日本にないモデルが販売されていたりするのだ。BUYMAの場合は基本的に海外から直接購入する仕組みになっている。eBayも海外から直接商品を購入するのが基本だ。

インターネットは個人の買い物もボーダレスにしてしまった。今は日本にいながら海外から買い物をする時代だ。こうしたネットショッピングでは店舗で直接買い物するわけではないため、クレジットカード決済が基本になる。そして当然、クレジットカードは５％前後の手数料がかかる。しかし今後、これらの業者が仮想通貨で決済できるシステムを整備していけばこの手数料が削れるだろう。前書きで述べたように、仮想通貨の決済にかかる手数料はクレジットカードよりもはるかに安いからだ。５％も安くお客さんに商品を提供できれば結果として確実に売り上げも上がる。仮想通貨は販売元にとっても購入者にとっても非常に「お得」なシステムなのだ。

旅行も個人でネットで予約する時代！　ここでも仮想通貨を導入できる

２０１７年３月、衝撃的なニュースが走った。格安旅行を専門とするてるみくらぶが破産申請をした。てるみくらぶに限らず、どの旅行業者も業績は良くないのが現状だ。なぜなら業者に頼るより、個人で航空券、ホテル、旅行保険等を予約した方が安上がりになるからだ。

今の時代は誰もがスマホを持っている。そのスマホがインターネットにつながっていさえすれば、航空券やホテルの予約ができる。そしてこのように自分で予約の手配をする方が業者を利用するよりも安い。そうなると、自然と業者に頼る人が減少していくことになるのである。

筆者もよく海外に行くが、大陸内はＬＣＣと呼ばれる格安航空会社を利用している。大手航空会社に比べれば色々不便はあるが、圧倒的に安い。

ＬＣＣの予約は航空会社のサイトで直接予約してクレジットカードで決済するのが基本だ。そうなると、クレジットカード手数料は避けられない。そのため、航空会社によってはクレジットカード手数料を客に負担させている場合もある。決済画面に進むと料金が割り増しになっているから、確認してみると「クレジットカード決済手数料」と表示されている。

ＬＣＣが自社サイトで直接航空券を販売するのは、事務所費や人件費といった経費を削減するためである。１円でも安く航空券を提供するために、自社サイトでの直接販売を基本としているのだ。

しかし、ネット販売となるとその決済手段はクレジットカードやデビットカードに頼るしかない。そんな中、大阪に拠点を置くピーチ・アビエーションは２０１７年12月までにビットコインでの決済ができるようにすると発表している。利用者の利便性を考えた時に、今後仮想通貨での決済は必ず増えていくだろう。

航空券同様、ホテルも今はネットで直接予約する時代だ。こうした予約サイトとしてはAgoda.comやブッキングドットコムといったサイトが有名だ。また、最近ではAirbnbといった民泊サイトもある。これらのサイトはやはりクレジットカード決済が基本となる。

旅行をする人の数は年々増えている。事実、来日する外国人の数は右肩上がりの状態だ。そして、今までは業者で予約していたものが、個人がネット上で商品やサービスを購入する時代になった。

現在はクレジットカード決済が基本となっているが、やがてこれも旅行代理店が淘汰されていったのと同様にこれからシフトチェンジしていくだろう。何しろ決済手段をクレジットカードから仮想通貨に変えるだけでも手数料が大幅に削減できるのだ。

5％の手数料はバカにならない。売り上げが1兆円もあるネット通販業者は単純計算して500億円ものクレジットカード手数料が発生している。Amazonの全世界の年間売り上げは15兆円と言われているため、単純計算してクレジットカード決済で7500億円もの手数料がかかっていることになる。これは決して安いとは言えない金額だ。クレジットカード決済が必須のネット通販業者が今後仮想通貨にシフトチェンジしていくことは目に見えているし、そうなれば当然、仮想通貨の需要は今後さらに上がっていくだろう。

インターネットが起こす次の革命は、通貨革命だ！

YouTube は映像業界に革命を起こし、Facebook や LINE は私たちのコミュニケーションのあり方に革命を起こした。また、それなりの資金力のある企業にしかできなかった活動やビジネスを個人ができるようになった。そして、次なる革命は通貨革命である。日本で買い物をする時にも日銀が発行する円ではなく、ビットコインでもモノが買える体制が普及すれば我々の金融システムは根本的に変わるだろう。本で言えば、本屋や Amazon で紙の本を買うのではなく、電子書籍を買うのが当たり前の時代になるということである。

産業革命の結果、一部の富裕層が牛耳る大企業が独占するようになった技術や権限が、パソコンとインターネットによって個人や小規模企業に移行している。だから今の時代はそれなりの企業でないとこなせなかったビジネスも個人でできるようになっている。パソコンとインターネットの普及は個人の権限を拡大させたのである。

大企業に頼りきる時代は終わろうとしているのだ。この現象を「逆産業革命」と言わずに何と言えばいいのだろうか？　もっとわかりやすく言えば、権力と富が一部の人間に集中する体制が壊れ始めたということになる。インターネットは様々な分野で革命（個人の権限の拡大）を起こしてきた。そして、次なる革命は間違いなく通貨革命である。そしてこれは仮想通貨の流通によって現実となりつつある。その革命の中心となるのが仮想通貨の王様であるビットコインだと筆者は確信している。

第2章

ビットコインがロスチャイルドから通貨発行権を奪還する！

私に一国の通貨の発行権と管理権を与えよ。そうすれば、誰が法律を作ろうと、そんなことはどうでも良い。

マイヤー・アムシェル・ロスチャイルド

私の息子たちが望まなければ、戦争が起きることはありません。

グートレ・シュナッパー

通貨発行権こそ最大の権力

冒頭に引用したのは、ロスチャイルド財閥の初代男爵で、後にヨーロッパ各地に拠点を置いたロスチャイルド５人兄弟の父親だったマイヤー・アムシェル・ロスチャイルドの発言だ。一国の通貨発行権と管理権さえあれば、あとは怖くないというとんでもない発言である。さらに、マイヤーの妻だったグートレ・シュナッパーは、世界の戦争事情は自分の息子たち次第という発言までしている……。

ロスチャイルド財閥は金融王として世界的に知られた存在だ。実際にロスチャ

グートレ・シュナッパー

マイヤー・アムシェル・ロスチャイルド

イルド財閥は世界各地の通貨発行権及び管理権を持っている。どこの国でも、生活するにはお金が必要であるという事実は小さい子供でも認識しているが、そのお金を支配する権利、すなわち通貨発行権を牛耳るということは、事実上、人民の支配ができるということなのだ。

これまで多くの戦争が通貨発行権を牛耳るロスチャイルド財閥によって引き起こされた。戦争をするには莫大な費用がかかるが、ロスチャイルド財閥は戦争に必要な軍事費などの莫大な費用を高い金利で貸し付けて大儲けをしたのだ。要は通貨発行権と通貨の管理権によって、ロスチャイルドは自由自在に戦争を起こす仕組みを作り、金儲けをすることに成功したのだった。それが冒頭のグートレ・シュナッパーの発言の真意である。

貨幣の発行権は民間銀行が独占している！／FRBもイングランド銀行も完全な民間銀行

アメリカではFRB（連邦準備銀行）がドルの発行権を独占しているが、F

ＲＢは米連邦政府から完全に独立した民間銀行である。ＦＲＢは Federal Reserve Bank の略で、Federal（連邦）という名がついているから一見すると米連邦政府直轄の銀行のようにも思えるが、完全な民間銀行である。実はアメリカ人でさえ、この事実を知る者は少数だ。

実際にアメリカの民間企業リストで調べてみると、アルファベット順になっているのだが、ＦＲＢは世界的に名の知られた運送会社の FedEx の次に載っていることが確認できる。ＦＲＢの株主は非公開とされているが、１９１４年の時点での株主は以下の通りであることが確認されている。

ロスチャイルド財閥（ロンドンとベルリン）
ラザール・フレール（フランス）
イスラエル・セイム（イタリア）
クーン・ロープ商会（ドイツ）
ウォーバーグ財閥（ドイツとオランダ）
リーマンブラザーズ（アメリカ）

ゴールドマンサックス及びロックフェラー財閥（アメリカ）

ＦＲＢの株主たちは国際資本家と呼ばれている人たちだ。ロスチャイルド財閥でいえば、ロンドンに拠点を置くロスチャイルドとベルリンに拠点を置くロスチャイルドがＦＲＢの株主になっている。ロックフェラー財閥の名前もある。すなわち、ドルの発行権は米連邦政府ではなく、国際資本家たちに独占されているのだ。これがＦＲＢの実態だ。だから米連邦政府よりもＦＲＢの方が立場は上なのだ。

ＦＲＢのように民間銀行が通貨発行権を独占している例は他にもある。それは香港で流通する香港ドルだ。香港ドルの発行権を独占しているのはＨＳＢＣ（香港上海銀行）である。ＨＳＢＣはロンドンに拠点を置くＨＳＢＣホールディングス傘下の民間銀行である。ここからも、香港政府よりもＨＳＢＣ銀行の方が立場は上であることがわかるだろう。

そしてイギリスの法定通貨であるポンドの発行権を独占しているのはイングランド銀行だが、この銀行も英国政府から完全に独立した民間銀行である。イングランド銀行は17世紀に設立された銀行だが、18世紀にはロスチャイルド家の支配下に置かれた。実際に１８６８年から１８９０年という20年以上もの間、イングランド銀行の理事を務めたのはアルフレッド・ドゥ・ロスチャイルドというロスチャイルド財閥の男だ。これも英国ポンドの発行権を独占するイングランド銀行がロスチャイルド財閥支配下にあるまぎれもない証拠である。

20年以上もの長い間イングランド銀行の理事を務めたアルフレッド・ドゥ・ロスチャイルド（1842〜1918）

お金を返せなければ家族が人質に……

「富める者は貧しき者を治め、借りた者は貸した者の奴隷となる」

箴言22章７節

聖書を見ると、箴言にはこんなことが記されている。これは今現在も続いている仕組みではないか！　お金はもらう側よりも、払う側や貸す側の方が偉いということは小学生でも理解できる。極当たり前の話だが、借りたお金は返さなければならない。

今では自己破産制度等があり、一定の不便を受けるが、自己破産をすれば借金は返さなくてもいいことになる。だが、昔はそうではなかった。地域や国によっては、借金を返せない場合は妻子を奴隷として差し出さなければならないこともあったぐらいだ。自分の家族を人質に取られるとなると借りた者が返済に必死になるのは当たり前だ。家族を奴隷として売り飛ばされないために必死に借り手の機嫌を取ろうとするのである。

今の時代は携帯電話、インターネット、SNSなどがあるから全世界にいる人を探して連絡を取ることが可能だが、これらのものがない数百年前や数千年前は一度行き別れになった人と再会するのは奇跡に近い現象だった。昔の人からすると、家族を奴隷として売り飛ばされることは二度と会えないということを意味する。現代のようにFacebookもないのだから……。

通貨発行権を独占するために悪用された「金利」というワナ

個人も法人も金融機関からお金を融資してもらうと、元本の他に金利をプラスして返済しなければならない。例えば、１０００万円を融資してもらった時に金利が10％なら、最終的には１１００万円にして返済しなければならない。これは世界のどこに行っても、共通のルールであり、このぐらいのことは小学生でも知っているだろう。だが、この仕組みが一部の権力者によって悪用されてきた歴史を知る人はそう多くない。

現在、銀行などから大きな金額を融資してもらう際には、万が一返済が不可能になった時のために何らかの資産を担保にする必要があり、担保用の資産を用意できない場合には融資を断るという金融機関も少なくない。そして、その担保の典型的な例が土地である。

筆者がブラジルに住んでいた時、両親は家を建てるために銀行からお金を借りていた。とはいえ、土地は母の父である祖父から無償で譲り受けたものであったため、銀行で相談した金額は家を建てる建設費と人件費だけだった。しかし、それでも銀行は融資の条件として、土地を担保にすることを要求してきた。銀行から借りたお金を返済できなかった場合、銀行はその土地を差し押さえるということだ。

結局、両親はその条件に応じて融資を受けたが、その後、私たち一家は日本に帰国することとなり、当時のブラジルよりも給料が10倍も高い日本で仕事を始めた父は予定よりはるかに早く繰り上げ返済をすることができた。うちは本当にラッキーだったと思うが、なかには住宅ローンの返済に行き詰まって、銀行に土地を差し押さえられた知人が何人もいる……。ロスチャイルドや一部の権力者たちはこのようにして我々の土地を奪ってきたのだ。

誰かのお金は誰かの借金！
借金がなければお金は作られない不平等な仕組み

銀行は顧客から預かっている預金残高の範囲内で融資をしていると思ってい

る人は多いが、これは大きな誤解である。銀行は顧客から預かっている預金の何倍ものお金を融資しているのだ。そして、借金をする金額と同額のお金が発行されている。世の中の借金が増えれば、お金の量も増え、世の中の借金が返済されれば、その分だけお金の量が減るという非常に不平等な金融の仕組みで世の中が成り立っている。例えば、筆者が新規でミヤシロ銀行を設立したとしよう。新規の銀行だから当然ながら預金は1円もない。普通に考えれば融資はできないはずだが、実は可能だ。

ミヤシロ銀行は1円も預金がないにもかかわらず、Aさんに車の購入費用として300万円を融資する。だが、ミヤシロ銀行が融資をしたといっても、Aさんに300万円を現金で渡したわけではない。Aさんにミヤシロ銀行で口座を開設させて、そこに300万円を振り込んだのだ。つまり実際にはミヤシロ銀行からAさんの口座にデータ上300万円分の数字が移動しただけ。存在しないはずのお金が融資されるという錬金術が起きたのだ。

そして後日、Bさんがミヤシロ銀行で口座を開設し、300万円ものお金を預けた。そうすると、理論上ミヤシロ銀行はBさんから預かった300万円を

Ａさんに融資したというふうにみなされるのだ。また、Ａさんが借りた３００万円をきちんとミヤシロ銀行に返済すれば、その３００万円は元々存在したというふうにみなされる。誰かの借金によって新たなお金が生まれるのだ。この仕組みが実は人類を奴隷化していることを知る人は少ない。

こうして人類が永遠に借金奴隷となる仕組みをロスチャイルドは作った

新たなお金が生まれるには、実体経済の状況に関係なく誰かが新たな借金をしなければならない。普通に考えれば世の中から借金が減れば自由に使えるお金が増えることになるが、この不平等な仕組みのために世界では逆の現象が起こっている。世の中から借金が減れば、流通するお金が減ってしまうため、自由に使えるお金は少なくなるという仕組みだ。

これはどういうことかというと、人類は永遠に借金をし続けなければならないということだ。ロスチャイルドが通貨発行権にこだわった理由の１つがこれだ。聖書には借りた者は貸した者の奴隷となると書かれている。人間社会では、何をするにもお金が必要。しかし、必要なお金がなければ借りるしかない。貨幣の量をコントロールすれば、自然と必要なお金が回ってこない人が必ず出てくる。そうなると生きるために借金せざるをえない。つまり、お金を貸せる人（ロスチャイルド財閥を中心とする国際資本家たち）の機嫌を取らなければならない（奴隷にならなければならない）のである。

ビットコインは誰かの借金で生まれる仕組みになっていない

普段我々日本人が使用している円や、ヨーロッパで使用されているユーロや、アメリカで使用されているドルは、中央銀行が発行権を独占し、誰かが借金をしなければ新たに作られない仕組みになっているが、ビットコインはこの仕組みから完全に独立している。

ビットコインはマイニングという仕組みによって、新たなビットコインが生まれている。誰かの借金で新たに誕生する仕組みでは決してないのだ。マイニングは簡単に説明すると、ビットコインの取引をブロックチェーンに記録する計算をする作業だ。この計算を一番速くできた人に新たなビットコインが付与される。こうして新たなビットコインが生まれていくが、無限に増えていくわけではなく、これは発行上限が決まっている。また、一度誕生したビットコインがなくなることもない。

すなわち、Aさんがミヤシロ銀行にビットコインの融資を求めても、実際にミヤシロ銀行にビットコインがなければ融資は不可能ということだ。銀行券と仕組みが根本的に違うのだ。これはビットコインだけではない。イーサリアムや他の仮想通貨も銀行券のように誰かの借金によって新たに誕生する仕組みにはなっていない。また、数量を操作することができないようになっている。だからロスチャイルドを中心とした国際資本家たちがその仕組みを悪用して人類を奴隷化するということは、まずありえないと見て間違いない。

銀行支配はいずれ終わるだろう。これからはビットコインを中心とした仮想通貨との競争が待っているのだから、今のままでは生き残ることはまず不可能である。国際資本家たちは競争相手が誕生したことで、生き残りをかけて対策を取ってくるのは間違いない。仮想通貨の利用者はまだ少ないが、これから増えていく。それは、銀行券の価値が失われていくことを意味するのだ。ビットコインを持ってない読者は今のうちにビットコインを購入することを強くおすすめする。値段は高騰化しているし、後から購入しようとしても値段が何倍にも膨れ上がっていくからだ。

世の中の95％のお金は実体がない！

ロスチャイルドが悪用した通貨のトリックは、銀行にあるデータと現実に刷られている紙幣の量に大きな差があることによって作り出されている。実は我々庶民が普段に手にしている現実のお金は、データ上の数字の５％分しか刷られていないのである。つまり、世の中の95％のお金は実体がないということになる。

ちなみに筆者がこの話から思い浮かべるのが、新聞やテレビで今まで何度も大々的に報道されてきた「振り込め詐欺」である。テレビを見ていると、至るところで振り込め詐欺が行われているように錯覚してしまうが、実はこれもほとんど実態がないのが実情だ。まったく存在しないというわけではないが、報道されている件数のほとんどが水増しであるということをご存じだろうか。

では、なぜそのようなことを行っているかというと、銀行から引き出せる金額を制限するためである。紙幣というのは存在しているといわれる5％分しか実際には刷られていないため、多額の金額を引き出せないことになっている。皆が一斉に多額の金額を引き出してしまうと、紙幣がなくなってしまうからである。そのため、ATM等で1日に引き出せる量を制限する必要がある。だが、理由もなく引き出せる量を制限しても納得できる人はいない。そこで悪用されたのが振り込め詐欺だった。つまり、振り込め詐欺という犯罪の被害に遭うことを防止するという名目で、ATMでの引き出しが制限されることとなったのだ。

これは日本に限った話ではなく、世界のどこの国へ行っても銀行から引き出せるお金は制限されている。日本の場合はATMで1日に引き出せる金額は50万円に制限されている。だが、それも本来であればおかしな話である。個人のお金なのだから、1日にいくら引き出すかは個人の勝手であり、そんなことを法律で規制するのは、そもそもおかしな話なのである。

通貨発行量（現実の紙幣）次第で一国の物価もコントロールできる。物価の上げ下げで結局得するのはお金持ちだけ!?

物の価値というのは、生産量に対して、どのぐらい欲しい人がいるか（需要）によって決まる。だから中央銀行の本来の役割は通貨発行量を調整して物価の安定に努めることである。だが、この制度さえもがロスチャイルドに悪用されている。

テレビや新聞などで日銀が金融緩和を発表する報道は誰もが目にしているだろう。それは、実体経済で流通している紙幣の量を増やすという意味だ。紙幣の流通量が増えると物価が上昇することになる。多くの人がお金を手にすることが推測されるためだ。だが、物価が上昇してもそれに比例して給料は上昇するわけではないので、結果的に庶民は損をすることになる。ここで得をするのは、モノ（特に不動産）をたくさん持っているおカネ持ちだ。日銀が金融緩和を発表してからテレビで日本の地価が上昇しているという報道を流したのはそのためである。金融緩和という名の〝紙幣を増やす行為〟は、不動産をたくさん持っている一部のお金持ちが得をするための政策である。

逆に通貨発行量が少ないと、物の価値は下がってしまう。そうすると、たくさんお金を持っている人が得をすることになる。持っているお金の量が減ってないのに物の価値が下がるわけだから、より多くの物が買えるのだ。

中央銀行が紙幣の量を調整するときは庶民のためではなく、お金をたくさん持っている人か、物をたくさん持っている人のどちらかに有利になるようにするためである。

紙幣のデザインを変更するのは庶民の隠し資産を把握するため

日本では2004年の11月より1000円、5000円、10000円紙幣のデザインが変わった。これは偽造を防止するために、より多くのセキュリティーシステムが導入されたという名目になっている。だが、実際には国民の資産を正確に把握した上で増税するのが狙いである。銀行に預かっているお金は調べられるが、銀行にない現金はそう簡単には調べられない。だが、紙幣のデザインを変更して旧デザインが使えなくなるようにすれば、隠されたお金が把握できるのである。隠されたお金というのは、裏社会の資金、脱税されたお金、主婦のへそくり等のことで、これらの全体の額を把握することができるのだ。

やり方は簡単だ。例えば、日銀が新デザインを１００兆円分刷ったのに対して、交換された額が１３０兆円だったとする。すると差額の30兆円が銀行にない分であることが判明する。そして政府は「これで30兆円分の増税ができるぞ！」と考えるわけである。

２００４年に紙幣のデザインが変わったのはこのためだ。このように見ると、中央銀行が発行する紙幣に頼らざるをえない社会である限り、我々が政府の不当な増税や金融政策から逃れることは不可能なのである。

ロスチャイルドは農地強奪で庶民の力を奪った

先ほども土地が融資の担保にされているという話を述べたが、通貨発行量を超えた金額の融資によって、特にロスチャイルドが強奪したのが農地だった。農地というのは人間が生命を維持するために必要な食べ物を生み出してくれるものである。庶民が自分と自分の家族を養えるほどの畑を耕していれば、仮にお金がなくてもなんとか生きていける。そこに目をつけたロスチャイルドは庶民の多くの農地を強奪し、支配権を握ろうとしたのだ。

日本は戦後、食料自給率を大幅に下げ、現在では38％前後と言われている。ほとんどの食べ物を海外からの輸入に頼っているのが現状だ。また、戦後の日本は高度成長期に入り、生活もどんどん豊かになっていき、農業に従事する者が激減した。さらに、安い海外の輸入品に日本の農家が対抗できるはずもなく、日本の農家はどんどん農業から離れていった。

そして、ここにロスチャイルドの狙いがあった。自分たちが独占する「通貨」を通じてしか命の源である食料を手に入れることができない社会を作り上げようとしたのだ。

日本では、農業で食べていくのは非常に困難であることは周知のとおりであるが、これもロスチャイルドが戦争を通じて意図的に仕組んだことだった。自給自足の生活が難しくなった日本国民は彼らの策略どおり、まんまと通貨の奴隷となったのだった。

ロスチャイルドから通貨発行権を奪還する方法がビットコインだ

人類の歴史上、数々の戦争や革命が起きた。しかし、アメリカの独立、フランス革命、ロシア革命、第一次世界大戦、第二次世界大戦、ソ連を中心とした共産主義の誕生の裏にはすべてロスチャイルドの資金援助があった。日露戦争や日中戦争の戦費がロスチャイルドによって貸し付けられたものであることも、本書を手にした読者であればわかりきっていることかもしれない（これについて詳しく知りたい方はヒカルランド刊『戦争は奴らが作っている！』をご参照ください)。戦争や革命を起こすには莫大な資金が必要なのだ。そうなると、通貨発行権を独占するロスチャイルドの協力なしにはこれらの戦争が実現できたはずがない。

では、どうすればいいのか。ロスチャイルドを中心とした、イルミナティの通貨発行権による人民支配から抜け出すには、彼らから通貨発行権を奪還するしか方法がない。さらに具体的に言うならば、ビットコインを世界的に普及させる必要があると筆者は見ている。

通貨発行権を牛耳るということは、一部の人間がほとんどの権力と富を握ることを意味する。だからその体制に終止符を打つにはロスチャイルドから通貨発行権を奪還するしかないのだ。ロスチャイルドから通貨発行権を奪還できれば、彼らが庶民の権利を規制するためのどんな法律を作ろうと我々には関係ない。本章の冒頭で紹介したマイヤーとは逆の発想だ。中央銀行の権限が及ばない仮想通貨の誕生で、ロスチャイルドから通貨発行権を奪還する体制はもう整

戦争は奴らが作っている!
本体1,750円+税

った。あとは、その体制を普及させて一般化すればいいだけなのだ。

熊本地震のドサクサに紛れて、国会ではインターネットを盗聴できる法律を成立させたとネットで話題になった。アメリカでは２０１８年までにすべての国民にマイクロチップを埋め込む法案がオバマケアの一環に含まれて成立した。彼らは今も必死になって、世界を支配しようと動いている。しかし通貨発行権をロスチャイルドから奪還してしまえば、そのような法律に屈する必要はない。国民をコントロールする手段（通貨発行権）が機能しなくなれば、彼らは瞬く間に支配力を失ってしまうからである。つまり、彼らの支配力を奪うためには通貨革命が必要で、その通貨革命を起こす可能性を持っているのが本書で取り上げるビットコインなのだ。

ドル、ユーロ、円といった通貨よりビットコインが信用される社会が誕生すれば、彼らはもはや法律で私たちを支配することはできない。彼らの力が及ばない場所で、こんなバカげた法律が機能するはずがないからだ。では次の章からは、このビットコインについて具体的に解説していこう。

第3章

こうしてビットコインが
ロスチャイルドの絶大な権力を撃ち砕く!!

ロスチャイルドから通貨発行権を奪還せよ！

　ロスチャイルド家の初代であるマイヤー・アムシェル・ロスチャイルドは、通貨発行権の独占で世界を支配できるという事実に気がついた。通貨発行権を独占すれば、仮に政治家がどのような法律を作ったところで、お金でどうにでも解決することができる。政治家も生きるためには、政治活動をするためには、お金が必要なのだ。事実、通貨発行権の独占でロスチャイルドが思うがままに活動できたことは、これまでの歴史が証明している。

　どんな人間でも例外なくお金を必要としている。当然お金そのものが悪いとは思わないが、悪魔を崇拝するロスチャイルドに独占されていることが問題であると筆者は思っている。

　マイヤー・アムシェル・ロスチャイルドは、もともとロスチャイルドという名前ではなかった。ロスチャイルドというのはドイツ語で赤い盾という意味で、赤というのは、聖書では、悪魔が好む色とも言われている。彼らは赤い色を好む。ジョージ・ワシントンやナポレオンの肖像画を見てみると、彼らも真っ赤な服を着ているが、これはロスチャイルドの影響を受けたからである。ソ連や中国共産党の旗が真っ赤なのも同じ理由である。

さらに聖書を見てみると、イエス・キリストの言葉で、「世界の終わりに近づくにつれて、戦争のうわさが絶えなくなる」とある。彼はこの聖書に書いてあることを実行しようとしている。

では、ロスチャイルドの支配を終わらせ、世界で大規模な革命を起こすにはどうすればいいのか。すでに繰り返し述べているが、ロスチャイルドが独占している通貨発行権を奪還するほかない。具体的には仮想通貨を世の中に普及させることである。なぜなら仮想通貨というのは、円、ドル、ユーロのような現実の通貨とは違って中央銀行の権限が一切及ばないからである。

仮想通貨には中央銀行の権限が及ばない／ビットコインの普及で、マイクロチップも第三次世界大戦もＮＷＯも止められる！

世界中の通貨は米ドル（米ドルを発行するＦＲＢは民間銀行）のように一部例外はあるものの、基本的には世界各国の中央銀行によって発行され、大企業や民間銀行を通じて初めて庶民の手に渡る。円やドルといった現実の通貨は中央銀行によって発行、管理されているため中央銀行の権限でどうにでもなるのだ。つまり、世界の通貨は中央銀行の権限を握っているロスチャイルド次第ということになる。ところが、仮想通貨はネット上に存在する電子通貨で、日銀のような中央銀行の権限がまったく及ばない。これが仮想通貨が既存の金融システムを揺るがすかもしれないと言われる所以《ゆえん》である。そして、誰もが当たり前のようにインターネットを使っている現代社会で、仮想通貨が普及していくのは時間の問題となっている。世の中の決済が仮想通貨中心となれば、富と権力が一部の銀行家から一般市民に大移動することになるのは間違いない。

前章でも述べたように、マイヤーの妻、グートレ・シュナッパーは自分の5人の息子が望めば世界で戦争をなくすことができるという発言をしている。それは、自分の息子たちが通貨発行権を牛耳っていることを知っての発言だ。だったら、我々は逆の発想で動けばいい。世界中で起きる戦争にはロスチャイルドの資金援助が働いている。その資金援助が絶たれれば、戦費が絶たれ、戦争が起こせなくなる。だから、仮想通貨中心の世界となればイルミナティが目論む第三次世界大戦はもちろんのこと、世界統一独裁政府（ＮＷＯ）の樹立も確実に不可能となる。

仮想通貨中心の社会にシフトチェンジすれば、世の中から戦争をなくすこともできるようになる。仮想通貨には、それほどまでに大きな可能性が秘められているのだ。ロスチャイルドの通貨発行権独占による人民支配の日々が終わりを迎える日はそう遠い未来の話ではない。

仮想通貨を利用すればベイシックインカムの実現も夢ではない！

ベイシックインカムという言葉を耳にしたことがある読者もいることだろう。政府が国民に一律の金額を支給する制度だ。日本で導入するべきと主張する人は月額8万円が妥当な金額であると主張している。つまり、すべての日本国民に毎月8万円を支給して最低限の生活を保障するという制度だ。反対派は決まって財源の確保が難しいことを根拠に反対している。推進派は国民に最低限の生活をするお金を保障するかわりに、年金、失業保険、生活保護、児童手当など、保険関係のサービス以外をすべて廃止してベイシックインカムに統合すれば実現が可能と主張している。これが実現すれば社会の多くの問題が改善されるのは間違いない。

ちなみにベイシックインカムの導入を主張する専門家や著名人はあくまでも円で支給することを述べており、仮想通貨での支給する案はほとんど取り上げられていない。ベイシックインカムを導入するなら、円ではなく、仮想通貨で支給すればコストも大幅にカットできる。

すべての仮想通貨に共通している点の1つといえば、送金手数料が圧倒的に安いことだ。一部の人間ではなく、すべての国民に支給するわけだからコストは最低限に抑えるべきだ。実際にイギリスでは年金を仮想通貨で支給する案が議論されている。コストが圧倒的に安いのが理由の1つなのだろう。

日本でも仮想通貨で支給するならベイシックインカムの実現も夢ではない。仮想通貨は日銀券とは違って、誰かの借金によって生まれるわけではないから、政府がそのために借金をする必要性がない。ベイシックインカムが導入されれば、貧困や雇用問題が大幅に改善されるのは間違いない。

仮想通貨によるベイシックインカムで貧困と雇用問題が大幅に改善される

ベイシックインカムで真っ先に改善される問題は貧困と雇用だ。特に貧困が改善されるといろいろな問題が連動して改善される。例えば、治安。貧困と犯罪率は比例する。貧困がまんえん蔓延している地域や国ではやはり、そうでない地域や国に比べて犯罪率が明らかに高いし、治安は良くない。今まで28ヶ国を回った筆者だからわかるが、日本は世界的に見て治安の良さは最高レベルにある。だが、貧困が拡大していけば話は変わる。繰り返して言うが、貧困と犯罪率は比例する。そうなると、「貧困の拡大＝犯罪率の上昇」が必ず起こる。そうすると、今まで起きなかった犯罪が起きたり、窃盗や強盗といった犯罪が増えたりしていく。

また、ベイシックインカムによって雇用問題も改善される。雇用を維持するために無理に仕事を作って赤字になっている企業は少なくない。ベイシックインカムがあれば、企業は無理に仕事を作る必要性がなくなるし、本当に必要な仕事だけをやればいい。最低限生活をするためのお金がベイシックインカムで保障されれば、必要のない仕事をしないで済むのだ。

企業は赤字であれば融資に頼らざるをえなくなることも多々あるが、ベイシックインカムが従業員の最低限の生活を保障すれば無理に借金をする必要もなくなる。すなわち銀行の奴隷から解放されるということだ。特に体力のない中小企業にはとても良い制度であるし、働く側も仕事がない時はベイシックインカムでやり繰りをすればいい。ベイシックインカムが実現すれば多くの問題が改善されることは間違いない。日本でいつか実現するなら、仮想通貨で国民に月額８万円に相当する額を支給するべきだ。

富の大移動（銀行券→仮想通貨）でフラット化する世界／仮想通貨で世界の多くの社会問題が解決されていく

世界の多くの社会問題の原因はやはり富と権力の一極集中にある。世界の大富豪のトップ62人と36億人の庶民の資産が同じ額であると言われているが、それは世界経済がこのトップ62人を中心に回っており、彼らの都合で経済状況が変わるということを意味している。

このトップ62人には当然ながら金融の仕組みを作ったロスチャイルド財閥の人間が含まれている。しかし有り余るほどの財産を稼ぐ人がいる一方、食べるのに困っている人がいるのがこの世界の現状だ。とはいえ、これは食料生産量から見ると矛盾した話なのである。なぜなら、２０１６年の世界人口は70億人だが、実は倍の140億人分の食料が生産されているというデータが存在しているからである。

人口に対して2倍の食糧が生産されているのなら、本来餓死する人間はいないはずである。しかし経済の仕組み上、一部の人間にほとんどの富が集中することになっているため、食料が平等に行き渡らないのだ。資本主義では一部の富裕層がどんどん富を拡大していくことができるが、労働でそれに追いつくことは不可能である。

また、貧困層への切符は片道切符となっている。一度貧困に陥れば、何かをするにしても十分な資金を集められず、なかなかはい上がることは難しい。しかし、ビットコインが中心となる経済は、この不健全な仕組みを根底から覆し、誰もが平等な社会が実現可能となるのではないか。これは夢物語ではなく、中央銀行の発行する銀行券よりも仮想通貨の信用が上がれば十分に可能だ。そして世界の決済の流れが仮想通貨へと徐々にシフトチェンジしていることは注目するべき事実である。YouTubeがテレビの力（視聴率）を奪ったように、仮想通貨は国の信用によって成り立っている銀行券の力をまったく同じ要領で奪っていく。ブログがマスコミの捏造を暴いて力を奪ったのと同じ要領で、仮想通貨は中央銀行が発行する通貨の権限を奪っていくのだ。

今こそ、本物の民主主義の樹立を

民主主義というのはカモフラージュされている。本来、国民の自由と権利を保障するはずの政府機関は、国民の権利と自由を制限し、真実を伝えてくれるはずのマスコミは嘘を伝え国民を洗脳し、病気を治してくれるはずの病院は国民を病気にして合法的に殺す。一部の権力者に富が集中している以上、一部の権力者の都合のいいように法律が作られ、彼らにとって都合のいいように経済は回る。この状態を改善することは残念ながら不可能だ。

だが、先ほども述べたように、世の中の通貨の流れは仮想通貨へとシフトチェンジしている。特定の管理者が存在しないビットコインが普及していけば、いくら全知全能のような巨大な権力を持っている銀行家たちでもその流れを止めることはできない。ビットコインを完全に止めるには全世界のインターネットを止めなければならないからだ。

今までの世界は一部の銀行家や貴族が主役だった。法律も経済も彼らにとって都合のいいように作られてきた。だが、彼らの権力の源である通貨発行権がなくなれば彼ら主体で世界が動かなくなることは間違いない。ビットコインならロスチャイルドが作った非常に不平等な金融の仕組みを根底から覆す可能性が十分にある。あとはいかにビットコインを普及させていくかがこれからの課題となるだろう。

ビットコイン中心の世の中になれば、カモフラージュではなく、本物の民主主義が誕生する。筆者は本物の民主主義の誕生が楽しみだ。

ビットコインがロスチャイルドの絶大な権力を脅かすわけ

ここからは金融王ロスチャイルドの絶大の権力を脅かすビットコインに関する具体的な話をしていこう。これまで述べてきたように、ビットコインは円やドルのような実物資産ではなく、ネット上に存在する仮想通貨だ。これは20

０9年にSatoshi Nakamoto（ナカモトサトシ）と名乗る人物による論文の投稿により運用が開始された。このナカモトサトシの人物像については未だに謎が多い。日本人（中本哲史!?）だという説もあれば、日系アメリカ人だという説もあるが、真実は定かではない。

２００9年、ビットコインの運用が始まった当初は１ビットコインあたり日本円にして０・09円ぐらいしかなく、その価値は無に等しかった。それが２０１3年には１ビットコインあたり日本円にして一時12万７８００円にまで上昇した。その後は一旦《いったん》下がったものの、２０１7年10月の時点では、１ビットコインあたり60万円以上で取引されている。

このビットコインがロスチャイルドの通貨発行権を脅かす理由は大きく分けて４つある。

１　世界のどの政府機関や中央銀行からも影響を受けない

２　ブロックチェーン技術によって管理され、特定の管理者がいない

３　勝手に量を増やしたり減らしたりできない

4　決済コストがほとんどかからない

ビットコインが円やドルといった現実のお金とは違い、世界のどの中央銀行や政府機関からも影響を受けないということは、これまでに述べたとおりである。そのため、本章では2のブロックチェーン技術から解説する。

ブロックチェーン技術とは？

ブロックチェーン技術はネット上に発生した取引をすべて記録し、その記録を誰でも確認することができるシステムである。ビットコインではこの技術が用いられている。個人を特定することはできないが、どの人がどのぐらいの量のビットコインを保有しているのかは誰でも確認できる。

例えば、Aさんは2016年8月1日現在100ビットコインを保有し、Bさんは200ビットコインを保有している。AさんとBさんの個人情報を確認することはできない。だが、もしAさんが10ビットコインを使って買い物（決済）をした場合、ブロックチェーン技術によってその取引が記録されるのだ。

簡単に説明すると、ブロックチェーンはどの人がどのぐらいの量のビットコインを保有しているのかということを決済履歴として記録し、公開するシステムのことである。ここが現実の通貨とは大きく異なるポイントだ。現実の通貨であれば、特定の管理者は、ロスチャイルドだが、ブロックチェーンは皆で監視をするというシステムになっている。そのため、万が一誰かが不正を行ったとしてもすぐに発覚することになり、不正もやりにくいという仕組みなのだ。

ブロックチェーンは、中央銀行のような役割を果たしている

ブロックチェーンは、中央銀行のような役割を果たしている。どの国にも中央銀行が設けられているが、それは民間銀行が暴走しないように監督するためだ。日本なら日銀が中央銀行にあたる。つまり、ブロックチェーンは仮想通貨でいう日銀のような役割を果たしていることになる。

では、ブロックチェーンは何を監視しているのか。ネット上には、無数のビ

ットコインウォレットが存在する。それらのウォレットがきちんと機能しているかどうか監視してくれるのだ。

例えば、Aというウォレットでビットコインを購入してその事実をブロックチェーンに登録しておけば、万が一、Aウォレットがなくなったとしても、ブロックチェーンはあなたのビットコインを保証してくれる。あるいは万が一ハッキングに遭ったとしても、ブロックチェーンに、あなたのビットコインがあなたのウォレットにあるものとして登録されているのであれば、ハッカーはそのビットコインを使うことができない。ブロックチェーンではこういったセキュリティー技術が徹底しているため、ビットコインは信頼され、高額で取引されているのだ。

特定の管理者がいないため、勝手に数量を増やせない

ビットコインはSatoshi Nakamoto（ナカモトサトシ）と名乗る人物による論文の投稿によって運用が開始されたが、彼がビットコインの管理者というわ

けではない。彼は他のビットコイン保有者と同じ（平等）で、単なる保有者に過ぎない。彼個人が通貨発行権のような権限をビットコインに対して持っているわけではないのだ。

特定の管理者がいないとはどういうことか。これは特定の人間が勝手に増やしたり減らしたりすることができないということを意味する。ビットコインは、特定の個人、団体、政府機関に管理されているわけではない。特定の管理者が存在しない以上、特定の誰かの都合でその量を増やしたり減らしたりすることが不可能なのだ。ビットコインが現実の通貨と決定的に違うのはこの点だ。

円は日銀の権限で無から勝手に刷る（増やす）ことができる。ドルはＦＲＢの権限で刷る（増やす）ことができる。しかも、どのぐらいの量を増やしたのかは我々庶民には確認のしようがない。

読者の皆さんも、ニュースで日銀が金融緩和をしたとか見送ったといった話を見たことがあるだろう。金融緩和をするということは、お札の量を増やすということである。そうなるとお金の価値は下がる。金融緩和を見送れば、通貨の量が増えないため、お金の価値は上がる。

日銀が緩和を見送る決定を発表した直後には円はドルに対して高くなった。だが、ビットコインの数量は技術的に勝手に操作できない。なぜならビットコインには総量（上限と下限）があるからだ。上限は2100万コインである。そして1ビットコインよりも低い単位は「サトシ」と呼ばれている。1億サトシで1ビットコインとなる。米ドルにたとえると、サトシという単位は1ドルよりも低い単位のセントに相当する。1ビットコインでは単位が大きすぎるため、少額の決済はサトシで支払われることになる。このサトシの量も1ビットコインの1億分の1と下限が定められており、当然この量を操作することは誰にもできない。

このようにビットコインには上限（2100万BTC）と下限（1BTCの1億分の1まで）が設けられているため、現実の通貨のように中央銀行や政府の政策次第で価値が左右されることはない。ビットコインはどこにも属さない完全な独立した通貨だ。

決済コストがほとんどかからない

ビットコインの人気のひとつの理由は、決済コストがほとんどかからないという点だ。クレジットカードで決済をすると、国際ブランドや金額によっても変わるが、３％～７％が相場になっている。また銀行間の振込み手数料は通常数百円かかり、国際送金では２５００円から６０００円ぐらいかかる。ところがビットコインは高くても日本円にして５円から10円程度の手数料で済む。

また、国際送金をする時は、送金元の銀行→中継銀行→受け取り先の銀行を通るプロセスになっているが、中継をする銀行はロスチャイルド傘下の銀行が独占している。そのため、世界中の国際送金がロスチャイルドに把握される仕組みとなっている。それだけでなく、国際送金にかかる手数料で、これらの銀行は６兆円もの巨額の利益を得ている。

しかし、ビットコインに切り替えれば国際送金は安く早く済む。国際送金は銀行間取引の場合、送金先の銀行口座に着金するまでに平均５日から１週間かかるのに対して、ビットコインは10分から15分で済む。こうした理由から、これからの世の中の国際送金や決済がビットコインに切り替わるのは間違いないと筆者は見ている。同じサービスなら安くて早い方を選ばない理由はないからだ。

ビットコインウォレットの作り方

ビットコインを保有するには、ビットコインウォレットを作る必要がある。ウォレットは銀行でいえば銀行口座のようなものである。左記のアルファベットは、実際に筆者が保有するビットコインアドレスだ。わかりやすく説明するなら、メールアドレスのようなもので、筆者にビットコインを送るには、このアドレスを知っておく必要がある。

1Kcw7Y6VBJUwneKdvUgVKPSgFwZAXRqsWu

こちら（画像参照）はＱＲコード。このＱＲコードを読み取ることによって、右記の筆者のビットコインアドレスの情報にアクセスすることができる。ビットコインで支払いを請求する場合は右記のアドレスかこのＱＲコードを相手に知らせればいいのだ。

　このウォレットは、ネット上で誰でも作ることができる。パソコンやスマホなどから、ウォレット作成サービスにアクセスし、必要な情報を入力すればいいだけである。非常に簡単な手続きで作成できるから、読者の皆さんもぜひ自分のウォレットを作って、自分の資産を守ってほしい。

セキュリティーの面でもビットコインは優れている

　多額のお金や高額な資産を持っている人は、そのセキュリティーに頭を悩ませている。銀行はもはや安全な預け先とは言えなくなってきた。日本の法律では、銀行が倒産した場合、保証されるのは１０００万円＋金利だ。だが、マイナス金利政策で実質保証されるのは1000万円までだ。一般の個人が1000万円以上のお金を預けることはあまりないかもしれないが、法人が1000万円以上ものお金を銀行に預けるのは珍しい話ではない。

2003年に新事業創出促進法の一部が改正されてから、株式会社は資本金1円からでも設立できるようになったが、それまで株式会社の設立には、資本金が最低でも1000万円必要だった。新事業創出促進法の一部が改正される前から存続する株式会社や中規模以上の企業なら1000万どころか、億単位のお金を金融機関に預けている。しかし、そのお金は金融機関に預けていてもマイナス金利で減るだけ。とはいえ、何十億単位ものお金を会社に置いておくのはセキュリティー上不都合があるだけではなく、決済も非常に不便なものになってしまう。

しかし、これもビットコインであれば解決できる。会社の資金の一部をビットコインに移せばいいのだ。いざ決済が必要になった時も、国内外問わず、いつでも15分以内に済ますことができる。

円の発行権は日銀が握っているため、日銀の権限で不当な搾取を受けることがある。マイナス金利がその証だ。日銀の不当な政策から逃れるには、日銀の権限が及ばない仮想通貨に切り替えるしかないのである。

ビットコインのメリットとデメリット

ここまではビットコインのメリットや、ビットコインがロスチャイルドから通貨発行権を奪還するだけの能力があることを述べてきたが、ビットコインは万能ではないということもきちんと伝えておく必要がある。

ビットコインのデメリットは大きく分けると2つある。ひとつは、ドルや円といった実際の通貨の為替相場の影響をあまりに大きく受けてしまうことだ。実際、２０１３年には一時12万円まで上がった価格がその後半分以下の５万円前後に下落してしまうということがあった。あのようなことが今後も起きないとは限らない。これからビットコインの購入を考えている人は、あまりにも多額の資産をビットコインに移すと、下落した時に資産が大幅に減るというリスクがあることも忘れないでいてほしい。

またもうひとつのデメリットは、決済にかかる時間だ。ビットコインの場合、決済時にはブロックチェーンシステムを通じて取引履歴が登録されるため、クレジットカードのように数秒で決済完了とはいかない。この決済には10分～15分程度かかってしまうため、レストランなどでは気軽に使えないことになる。

法人の経費削減と決済にかかる時間を短縮する

個人が日常的に使うには、まだまだ不便な点も多いが、貿易業など国際取引を行う法人にとってビットコインは非常に便利な決済手段だ。手数料が銀行に比べて圧倒的に安く、しかも銀行の送金よりもはるかに早い。企業にとっては、ビットコインの導入は大きなメリットになるといえるだろう。

例えば取引の時間にしても、ビットコインは365日24時間取引が可能だ。通常、金融機関は土日祝日は営業しておらず、平日も24時間営業をしているわけではない。そのためゴールデンウィークや年末年始は決済がどうしても滞ってしまう。しかし、銀行が営業をしていない土日祝日や大型連休の場合は、ビットコインを利用すれば対応できる。

個人の利用はまだまだ不便な点が多いが、法人がビットコインで決済をするようになれば確実に経費削減と決済の利便性が向上する。唯一の難点は、ビットコインが現実の通貨に対して価格変動が激しすぎる点だ。そのため、決済をする直前にビットコインを購入して、すぐ先方の口座に支払いをするなど、できるだけリスクを回避しながら使う必要があるだろう。

ビットコインは本当に安全なのか？／ビットコイン取引所マウントゴックス（株式会社MTGOX）社長逮捕の真相

2015年8月、ビットコイン取引所マウントゴックス（株式会社MTGOX）の社長だったマルク・カルプレス氏が逮捕されるニュースが流れた。口座の水増しと顧客から預けられたビットコインを私的流用した容疑だという。マスコミ各社は大きく「ビットコイン社長逮捕」と報じたが、真相は違う。マルク・カルプレス氏が顧客から預けられた資産を私的流用したのであれば、それはあくまでも彼個人の犯罪であり、マスコミ各社と財務大臣がビットコインの存在そのものを問題視するのはおかしい。

元CEO逮捕を報じるニュース番組

繰り返して言うが、ビットコインには特定の管理者が存在しないから、ビットコインの社長やCEOが逮捕されるということは今後も絶対にありえない話だ。読者の皆さんにはマスコミの捏造報道に誘導されないでいただきたい。逮捕されたのはあくまでもビットコインを取り扱う取引所の社長にすぎない。ビットコイン自体には何の問題もないのだ。

マウントゴックスの社長だったマルク・カルプレス氏が逮捕されるニュースが流れると、財務大臣を務める麻生太郎氏はテレビ取材で「あんなものは長く続かないと思った」「通貨として誰もが認めているわけではない。所管もよくわからない」という発言をしている。〝あんなもの〟というのはビットコインのことである。だが、今述べたとおり、マウントゴックスの事件にビットコインそのものは関係なく、あくまでも取引所に問題があった。

例えば、りそな銀行に強盗が入って3億円が強奪されたとしよう。そのニュースを見て「円はダメだ。どこかで破綻すると思った」と思う人はいるのだろうか？　そのニュースを見た誰もが「りそな銀行の警備体制に問題がある」と思うに決まっている。また、りそな銀行の社長が顧客から預かったお金を私的流用したと報道があった場合、りそな銀行が顧客から預かっている「円」に問題があると思う人はいるだろうか？　もしそんな事件が起きたとしても、「りそな銀行の社長に問題があった」と思うに決まっている。

ビットコイン社長逮捕
顧客資金流用
口座改ざん容疑
検知できず機内に

ビットコインの社長など存在しないにもかかわらず、新聞にも堂々と「ビットコイン社長逮捕」という見出しが出ている

では、なぜ盗まれた通貨に原因があると言われているのだろうか？　報道によ

るとビットコインはハッキングされたそうだが、本当にハッキングされたのなら、それは価値あるものとして認められていることを意味する。価値のないものをわざわざハッキングして盗もうとする人はいないだろう。

麻生太郎氏は「通貨として誰もが認めるわけではない」と発言していたが、ビットコインは、すでに決済手段として世界中で認められている。クレジットカードでの支払いを受け付けているのと同じ感覚で、世界でも日本でもビットコインでの支払いが行われているのだ。つまり「日本政府は通貨として認めたくない」というのが彼の本音だろう。麻生太郎氏がマスコミの取材に対して行った発言は、明らかにビットコインの信用を落とす意図があった。だが、それは失敗に終わったと言っていい。事実、2017年10月現在においてもビットコインは高額で取引されているのだ。これはビットコインが信用されている証だ。ビットコインの価値の担保はここにある。

ロシアと中国におけるビットコインをめぐる混乱

ロシアでビットコインの使用を禁止したと報道があった。ロシア当局は「ビットコインは犯罪に用いられるため、違法である」という声明を出し、ビットコインの普及活動に対する罰金法案などが提示された。さらにロシアは継続的にビットコイン関連サイトを遮断しており、ビットコインの使用に対して強い反対姿勢を見せてきた。

しかしながら、ビットコインは国家権力によって規制できるものではない。政府は結局、2016年にはこの法案を撤回し、モスクワにロシア初の仮想通貨交換所がオープンすることになった。

また、ビットコインは2013年に日本円にして12万7800円にまで上昇したが、これは実は中国の富裕層がビットコインを購入したことが高騰化の理由だ。その流れに歯止めをかけようとしたのが中国政府で、政府は中国国内の金融機関がビットコインを取り扱うことを禁止する発表を打ち出した。そして、これが原因でチャイナマネーの流入がとまって、ビットコインの価格が下落した。12万7800円から一気に5万円台までと半分以下に価値が下がったが、これもビットコインに何らかの問題があって価格が下落したわけではない。

いずれにしても問題なのは、このようなことが起きた時のメディアの報道のしかたである。ロシアの場合も中国の場合も、メディアは中国とロシアでビットコインが全面禁止されたかのような報道をした。明らかにビットコインの信用を落とす狙いがあったという悪意が見てとれる。

中国でビットコインが流行している理由／匿名性が高く、そして手数料の安いビットコインが使われた

ビットコインについて調べていると、時々中国でビットコインが規制されるニュースを目にする。ビットコイン利用者のほとんどが中国人だというから政府が目をつけるのも無理はない。一説によるとビットコイン保有者の9割は中国人だという。

中国人富裕層はビットコインを利用して海外に資産を移すことがよくあるという。中国国外に持ち出せる人民元の量が中国共産党によって規制されているため、彼らはストレートに海外に高額な預金等を移すことができない。人民元

は香港ドルとの両替でさえ規制されているほどなのだ。

２０１６年の年末から2月の下旬まで筆者はオーストラリアで過ごした。このときは金正男が殺害されたことで大々的に報道されたマレーシアのクアラルンプールを経由して、最初はオーストラリア西海岸の町のパースに向かった。

筆者は翻訳家でもあるため、語学力維持のために時々海外で数ヶ月を過ごすことがある。このときオーストラリアでは約2ヶ月過ごした。最初に到着したパースで5週間ほど過ごし、そして主要都市を回って帰国をした。Facebookで行く場所をその都度知らせているので、友人から連絡が入って「会おう」と言われることもあれば、自分から誘うこともあった。

筆者は過去にもオーストラリアに留学をした経験があり、ワーキングホリデーで滞在した時に最も長く滞在をしたのがメルボルンだった。そのため、メルボルンには多くの友人が暮らしている。そしてこの時は留学時代のメルボルン滞在中に知り合った日本人男性と会うことになった。彼は香港人女性と付き合っており、メルボルン郊外で同棲をしている。香港人女性と交際をしているだけあって、彼は香港事情に詳しい。この友人との再会で今まで知らなかった中国の両替事情を知ることとなった。

彼いわく、中国の人民元と香港ドルは正規のルートでは両替できないのだという。これには筆者も驚いた。人民元を香港ドルに両替することができないため、闇両替を利用せざるをえないと言うのだ。中国はそれだけ人民元の流出を規制しているということだ。

中国の土地は100％国有のため、中国国内では自分の不動産を持つことができない。そのため、どうしても自分の不動産を持ちたい人は海外で購入するしかないが、その資金を移すのは並大抵のことではない。中国支配下にある香港の香港ドルにさえ両替が認められていないのだ。

日本円にして数百万円なら簡単に両替ができるかもしれないが、不動産購入となると安く見積もっても数千万は必要となる。富裕層なら1億円超えの高級マンションを購入することだって珍しくはないだろう。しかしこれほどの金額になってしまうと正規のルートでは資金の移動ができず、闇両替を利用するくらいしか方法が残されていないのだ。当然、人民元↓他国通貨の両替にはコストがかかる。闇両替屋は高い手数料を取るため、不動産を購入する金額となると高額な手数料がかかってしまう。

数千万〜1億円に相当する人民元を両替するだけでも、手数料だけで数百万はかかってしまう。また、送金する国によっては着金すると課税されることもある。そうなると、購入したい不動産の金額よりも多めの資金を準備しなければならない。しかも正規の両替でも数パーセントの手数料が取られているということは、闇両替での両替の場合はもっと多くの手数料が取られていると考えられる。

このような手数料を節減することができる手段がビットコインだった。しかもビットコインは凍結や差し押さえができない。つまり中国政府の目から逃れたい中国人富裕層にとっては非常に好都合なのである。

中国政府は一度ビットコインに両替したお金に手出しはできない。そうなると、中国政府のできることは、人民元からビットコインへの両替を規制することくらいしかない。中国でビットコインが流行《はや》った理由は、国内で不動産が持てないことと簡単に海外に資産が移せない事情にあった。

中国の富裕層は名ばかり⁉

中国人富裕層の人口は日本を抜いてアメリカに次ぐ世界2位となっている。中国では年収200万元以上（日本円にして約3000万円）の高額所得者は360万人もいると言われている。このデータが正しければ、中国人富裕層の数は日本人の3倍もいる計算となる。

だが、中国人富裕層と他の国の富裕層には決定的な違いがある。先にも述べたが、中国人富裕層は自国で不動産が持てず、自由に国外に送金ができないのだ。国家にお金を管理されると、このような馬鹿げたことが起こりうるのだ。海外に自由に自分のお金を送れないのであれば、彼らは名ばかりの富裕層と言っても過言ではない。だから中国人は国外に送金する時には闇両替やビットコインといった仮想通貨に頼らざるをえないのだ。中国人富裕層は世界第2位の数を占める。つまり彼らの間で流行った仮想通貨は間違いなく高騰化し、注目される対象となる。だが、仮想通貨の普及の鍵を握っているのは富裕層だけではない。

実は中国人中間層もこの鍵を握っている。筆者はこれまでにいろんな国に旅をしてきており、この本を執筆している現在は28ヶ国を回っている。日本で知名度の高い都市でいえば、ニューヨーク、ロサンゼルス、ラスベガス、ロンドン、マドリード、パリ、アムステルダム、サンパウロ、ブエノスアイレス、シドニー、ゴールドコーストなどに行ったことがある。ニューヨークは北米大陸、マドリード、パリ、アムステルダムはヨーロッパ大陸、サンパウロ、ブエノスアイレスは南米大陸、シドニー、ゴールドコーストはオーストラリア大陸。これらの都市は国どころか、大陸すら違うのに、「中国人がたくさんいる」という共通点がある。これらの都市の観光名所に行けば、必ず中国人観光団体を目にする。そのため世界中の観光地に行くと、中国語で書かれた案内があったり、銀聯《ぎんれん》カードが使えるお店があったりするのだ。多くの観光客が中国人なら、お店側も中国人の好みや中国人が買いやすいように合わせなければいけない。ちなみに秋葉原の多くのお店では、銀聯カードで買い物すると割引をする案内がある。

ということは、中国人観光客の間で仮想通貨が流行れば、世界中で仮想通貨が広く行き渡ると言える。富裕層だけではなく、中国人観光客の間で、仮想通貨の決済がクレジットカードを使うように当たり前のことになれば、中央銀行が発行するお金に頼る機会は確実に減っていくだろう。

銀聯カードが主要都市で決済の手段として使えるようになったのは中国人観光客のおかげである。銀聯カードは今ではＶＩＳＡやMastercardといった国際ブランドと肩を並べるほどになった。

ビットコインを中心とした仮想通貨が中国人観光客の間で流行るようなことがあれば、銀座や秋葉原のお店でクレジットカードの他に仮想通貨のマークを確実に目にすることになるだろう。世界1位の人口を誇る中国だからこそ、流行った時にはその影響

銀聯カード

銀聯カードのマーク

力が大きい。

銀聯カードでの決済には数%の手数料が発生する。だが、仮想通貨であれば手数料がほとんど発生しない。だから中国人富裕層だけではなく、この利点に気付いた海外旅行に行ける中間層の間で流行る可能性は非常に高いと言える。そうなれば仮想通貨の需要が急激に高まり、仮想通貨の普及も一気に進むだろう。

既存利権にしがみ付く連中に潰されたウィンクルボス兄弟の野望！／和解金でビットコインを大量に購入していたウィンクルボス兄弟

「ビットコインは総額1兆ドルを超える。ビットコイン価格は1000倍になる。ビットコインはFacebookよりも巨大になる」

ウィンクルボス兄弟

ウィンクルボス兄弟と言えば、世界最大のソーシャルネットワーク

Facebookの創業メンバーで、CEOのマーク・ザッカーバーグと揉《も》めて訴訟問題にまで発展したことで知られている。

映画「ソーシャル・ネットワーク」でもその模様が描かれている。この双子の兄弟はFacebookが自分たちのアイデアであり、ザッカーバーグに盗用されたと主張し、Facebookの所有権をめぐってザッカーバーグと裁判で争った。最終的に彼らはザッカーバーグと和解し、アメリカの報道によると現金2000万ドルと非公開フェイスブック株4500万ドル相当の合計6500万ドルの和解金を手にしたという。

6500万ドルというと、日本円に換算して60億円前後（レートによって変動する）という莫大な金額だ。この兄弟はザッカーバーグとの争いで得た6500万ドルという莫大な和解金のうちの1100万ドル（約12億円）を使ってビットコインを購入している。そして、この兄弟はビットコインを推進する過激な発言をしていることでも注目されている。

そんなウィンクルボス兄弟は世界初のビットコインETF（上場投資信託）に挑んでいた。SEC（アメリカ証券取引委員会）にも申請したが、2017

年3月11日に却下されている。承認されれば、世界初の上場投資信託会社が誕生することになっていた。

却下された理由はビットコインにセキュリティー上の問題があるからだという。だが、それは建前上の理由で、実際は既存の利権にしがみ付く連中（金融屋たち）から圧力がかかったことが真相である可能性が高い。このようなことが起こりうるということはこれまでの歴史が証明している。

ロスチャイルド財閥を中心とする金融屋たちは圧倒的な資金力にものを言わせて様々な陰謀を行ってきた。だが、ビットコインの利用が却下された（邪魔が入った）ということは、裏を返せば「ビットコイン」が確実にロスチャイルドの通貨発行権を脅かす存在であることを意味する。ロスチャイルドの通貨発行権がビットコインに奪還される日は遠くないだろう。

IRSが必死になってブロックチェーンの取引記録を調べ始めたわけ

アメリカではIRS（アメリカ合衆国内国歳入庁）がブロックチェーンの取

引記録を調査しているという。課税逃れをしている人がいないかという名目だ。IRSはアメリカの国税局だが、その存在はFBIよりも恐ろしいとアメリカ人の友人たちは言う。脱税をした者を容赦なく逮捕し、容赦なく資産を差し押さえる。不動産、金融資産を調査して差し押さえるなんてことはIRSにとっては朝飯前だ。

だが、これもビットコインだと話は変わってくる。ビットコインは一般の銀行口座とは違って個人情報と連動していない。ブロックチェーン内の取引履歴を見ることができても、個人まで特定することはほぼ不可能なのだ。仮に特定できたとしても、差し押さえることはできない。ビットコインは管理主権という概念がないからだ。

IRSは課税逃れをしている人の調査を理由にしているが、実際のところ、国民の金融資産を把握して管理下に置きたいのが本音に違いない。日本の国税局もそのうちブロックチェーンの調査に乗り出す可能性が高い。だが、ブロックチェーンはマイナンバーと紐付けされていないから個人を特定するのは無理だろう。ロスチャイルドを中心とした国際資本家たちは自分たちの支配が及ばない通貨を使われては面白くないから、ＩＲＳにそのような指示を出したのだろう。

ＩＲＳだけではなく、これからは日本を含む各国の国税局がブロックチェーンやその他の仮想通貨の取引履歴の調査に力を入れるのは間違いない。金融庁の中でも仮想通貨監視専門のチームができたと言われているくらいだ。銀行券の価値が下がることは、ロスチャイルド財閥をはじめとする国際資本家たちにとって面白くないから、これからはどんどん監視を強化していくのは間違いないだろう。だが、ビットコインが中央銀行支配下に置かれていない以上、「ロスチャイルドがどんな法律を作ろうとそんなものはどうでもいい」。

強い権限を持つはずのアメリカ州政府に独自通貨が作れないわけ

アメリカの州は日本の都道府県のようなものだと思っている人をたまに見かけるが、アメリカの州は日本の都道府県とは根本的に違う。知っている人は知っているが、アメリカの州政府は国家に近い権限を持っている。刑法で言えば、死刑のある州とない州があり、道路交通法で言えば、免許が取れる年齢が州によって変わる。州独自の憲法もあり、州の軍隊すら持っている。

筆者もアメリカに行った時、州によって法律に差があることを思い知らされた。これはオーストラリアに留学する数ヶ月前にブラジルへ行った時の話だが、日本ブラジル間では直行便がないため、どこかを経由して行くしかなく、この時はアメリカ経由でブラジルに行ったのだった。30時間も飛行機の中で過ごすのはしんどいため、行きも帰りもアメリカで2泊してから飛行機を乗り継ぐことにした。日本からブラジルへ行った時はニューヨークに滞在した。ニューヨークは公共の交通機関が発達しており、主要観光地へ行くのに困ることはなかった。地下鉄に関して言えば24時間動いているため、日本のように終電を気にしないで済む便利さだった。そして、ブラジルから日本に帰国する時は車社会のラスベガスとロサンゼルスに立ち寄ることにした。日本でも名の知られた都市であるラスベガスとロサンゼルスはニューヨークとは違って公共の交通機関が発達していない車社会だ。そんな中、サンパウロからラスベガスに向かう時、国際免許証を日本に忘れたことに気がついた。ラスベガスに到着して早速レンタカー業者があるところに向かい、ダメ元で日本の免許だけで借りられないか聞いた。するとネバダ州の法律では自国の免許証だけでも6ヶ月まで運転が認められていることを教えてくれた。

「明日ロサンゼルスに行くけど、ロサンゼルスも日本の免許証だけで借りられる？」とスタッフに聞いてみると「ロサンゼルスはカリフォルニア州の法律になるからわからないね」と言われた。そのときにアメリカは州によって法律が違うことを改めて知らされた。

そうしてラスベガスに1泊した後、今度はロサンゼルスへ向かった。空港に着くと「レンタカーセンター行き」と書かれた送迎バスを見つけ、それに乗った。15分くらい走った後レンタカーセンターに着いた。そこでカリフォルニア州では日本の免許証だけでレンタルが可能かスタッフに聞いてみた。するとなんと、カリフォルニア州では国際免許を認めていないため、逆に日本の免許証がないと車は貸せないと言われたのだ。そこでラスベガスと同様、クレジットカードと日本の免許証を提示することで無事に手続きできたのだった。レンタカースタッフは日本の免許証の記載事項など読めないはずなのに……。だが、手続きは無事完了した。

独自通貨が作れない州政府

レンタカーを借りる際、ネバダ州とカリフォルニア州で差があることを知った。だが、共通していたのは米ドルで支払いをしたという点だ。これだけの強い権限を持つアメリカ州政府でも独自の通貨を発行することが合衆国憲法で禁止されている。通貨発行は連邦政府に一任されているのだ。マイヤー・ロスチャイルドの言葉を思い出すがいい。「私に一国の通貨発行権と管理権を私に与えよ。そうすれば、誰がどんな法律を作ろうとそんなものはどうでも良い」。

アメリカが建国された際、州政府にはかなり強い権限が与えられたのだが、通貨発行権だけは認められなかった。それは、強い権限を持つ州政府がロスチャイルドの支配下であり続けるための策略だったのだ。これはアメリカのどの州政府もドル支配下に置かれている以上、ロスチャイルドの思いどおりにことが進むことを意味する。

ヨーロッパもアメリカ州政府同様にユーロで縛られている

ヨーロッパ諸国は以前、各国独自の通貨を持っていた。スイスやイギリスといった例外はあるものの、今ではほとんどの国がユーロという共通の通貨を共有している。２０１７年10月現在では欧州連合の25ヶ国が使用している。これは欧州連合25ヶ国が欧州中央銀行支配下にあることを意味する。

欧州中央銀行を裏から操るのは、もちろんロスチャイルド財閥である。だからこれらの国々もどんな法律を作ろうとロスチャイルドにとってはどうでもいいということだ。アメリカの州も欧州連合加盟国もロスチャイルド支配下に置かれている。政治はロスチャイルドの思惑どおりに動く仕組みができ上がっている。銀行券に頼っている限り、この支配からは脱却できない。中央銀行の権限が及ばない仮想通貨の普及がロスチャイルドの金融支配から逃れる近道であることは間違いない。

スコットランド独立（ポンド支配脱却）は元々無理な話だった

２０１４年にスコットランドでは英国から独立するかどうかの住民投票があった。イングランド、スコットランド、ウェールズ、北アイルランドの４つの地域がイギリスを形成している。そのスコットランドが独立するかどうか住民投票を行うというニュースは日本でも大々的に報道された。だが、結果は反対派が半数を上回ってイギリスに残ることになった。恐らく不正投票だろう。そして、これらの４つの地域は「ポンド」の支配下に置かれている。

スコットランドはロスチャイルド財閥が支配するイングランド銀行が発行するポンドという通貨を使用している。そのため、ロスチャイルドの方針に反した投票や政策が通るわけがない。つまり、スコットランド独立論はロスチャイルド財閥が認めなかったのだ。

また、２０１６年の国民投票では英国がＥＵから離脱することが決定したが、これはロスチャイルド財閥の意向であるから認められたわけで、ロスチャイルド財閥が反対していたらそれまでだった。

イギリス全体がポンド支配下に置かれている以上、独立も残留もロスチャイルド次第ということになる。なぜなら、ポンドの発行権を持つのはロスチャイルド財閥支配下のイングランド銀行だから。最近になってイギリスのEU離脱が決定した後、再びスコットランド独立論（スコットランドがEUに残留するため）が取り上げられているが、ポンド支配下に置かれている限り「どんな法律を作ろうとロスチャイルドにとってはどうでもいい」ことだ。

全世界のインターネットを止めない限り、ビットコインはなくならない

当然、権力者たちはビットコインを規制するためにこれから全世界で法整備を行うことは間違いない。自分たちの力が及ばないから仮想通貨が一般的になれば、彼らにとっては多くの不都合が生じる。既存の銀行券の価値が減っていくし、最終的にはロスチャイルドが牛耳る通貨発行権という利権も失われる可能性がある。となると、彼らがこれから何らかの手を打ってくることは確実だ。

だが、規制するにも限界がある。ビットコインは特定の個人や法人が管理権を持っているわけではないため、ビットコインを完全に規制するには全世界のインターネットを止める以外に方法はない。だが、それは不可能な話である。

ネット上に権力者の不都合が流れ出してから、彼らの多くの策略が暴かれてきたが、それでも彼らはインターネットを規制できずにいる。つまり、インターネットを完全に規制することが不可能なら、ビットコインを完全に規制することも不可能ということだ。ビットコインが人気の理由のひとつはここにある。

特定の個人や法人が管理権を持っていれば、その大元を攻撃すれば済む話だが、ビットコインにはその手は通じない。ブロックチェーンによってみんなで監視し合うような仕組みになっているため、ビットコインを止めるためには使っている人全員を攻撃しなければならないからだ。

第4章

イーサリアム／ダッシュ／リップルコイン
世の中に蔓延する仮想通貨はホンモノなのか？

次々と存在感を増していく仮想通貨！
通貨発行権を奪還する戦いは始まったばかり！

ビットコインは仮想通貨市場の6割のシェアがあると言われており、仮想通貨市場では不動の地位を築いている。だが、最近はビットコイン以外にもシェアを伸ばしている仮想通貨がある。こうした仮想通貨を投資目的で購入する人も多いが、中には普段の買い物に使える実用的な通貨もある。

２０１７年10月現在、インターネット上には使用されていないものも含めると数千種類もの仮想通貨が存在すると言われている。そうした中でも２０１７年に入って高騰化した仮想通貨があり、それらの通貨は今後ビットコインのように利用できるようになる可能性が高い。特にイーサリアムやＤＡＳＨといった仮想通貨が最近注目されているため、こうした注目の高い通貨について解説しよう。

■イーサリアム（Ethereum）

イーサリアムはネット上での履行履歴を「スマートコントラクト」という独自の仕組みを使って自動的にブロックチェーンに記録する。そのため、ビットコイン同様に管理主体を必要とせず、シェアを伸ばしている。

イーサリアムは2013年に登場しており、価格は右肩上がりの状態。2017年1月には約1000円前後だった価格が半年後の2017年6月には4万5000円前後まで高騰し（約45倍！）、時価総額はビットコインに次ぐ2位となっている。

高騰化の理由は大きく分けると2つある。ひとつはマイクロソフトやJPモルガン・チェースといった大手企業がイーサリアムを活用して新しいコンピューターシステムの構築を目的とした「Ethereum Alliance」の設立を3月30日に発表したこと。もうひとつは中国国内でビットコインを規制する動きが頻発していたことである。

Ethereum

中国政府はビットコインを規制したが、イーサリアムに関しては無関心の状態だった。この状況を理解したビットコインを保有する中国人富裕層の一部がビットコインを売却してイーサリアムを購入した。事実、イーサリアムは急高騰をしたのに対してビットコインは30％以上も下落した。

イーサリアムがビットコインと共通している点は、履行履歴をブロックチェーンに記録し、そして管理主体を必要としないところにある。ロスチャイルドが独占する通貨発行権を奪還するには、こういった条件の仮想通貨でなければならない。

管理主体を持ってしまうと、管理者の権限で都合よく変えられてしまう。実際にロスチャイルドはそのようにして通貨発行権を悪用してきた。しかしビットコインもイーサリアムもブロックチェーンという技術を利用し、そこでは誰もが履行履歴を確認できるようになっている。円やドルのように、履行履歴が発行状況を一部の権力者にしか確認できないような仕組みであれば、いくらでも悪用ができるからだ。だからこそ履歴をブロックチェーンに登録して公開し、そして管理主体を持たないことは非常に重要な意味を持つのだ。これらの条件を備えたイーサリアムは、ビットコイン同様にロスチャイルドから通貨発行権を奪還できるだけの能力を持っていると言えるだろう。

■ダッシュ（DASH）

ダッシュは2014年に登場した仮想通貨。仕組みはビットコインとほぼ同じで、ビットコインのパクリと言っても過言ではない。時価総額はビットコインとイーサリアムに次いで3位にランクインしている。

DASH

ビットコインとほぼ同じ仕組みということは、ビットコイン保有者が利用しやすいことを意味する。ダッシュはビットコイン同様に匿名性が高く、管理主体も持たないため、銀行口座のように凍結や差し押さえをすることができない。つまり、一度資産をダッシュに両替すれば、そのお金を政府機関はどうすることもできないのだ。

ということは、これまたビットコイン同様に中国人富裕層の間で人気になる可能性が高い。中国は世界一の人口を誇るわけだから中国で流行ればシェア率は世界一になる。ダッシュが中国人の間で流行れば価格はあっという間に上昇し、世界中で注目されることとなるだろう。

Googleが出資したリップルコイン／ビットコインと何が違うの？

リップルコインは第2のビットコインと言われるほど注目の高い仮想通貨だ。だが、同じ仮想通貨ではあるが、リップルコインはビットコインは根本的に仕組みが違う。では、リップルコインがビットコインとはどう違うのか、本当にリップルコインは第2のビットコインとなりえるのか解説していこう。

まず、リップルコインは以下の点でビットコインとは異なっている。

リップルコイン

1　リップルコインには特定の管理者がいる
2　リップルコインは決済プロトコールを目指している
3　差し押さえが可能

リップルコインはビットコインとは違って特定の管理者や出資者がいる

リップルコインには特定の管理者が存在する。リップルコインが、ビットコインほど信用度は高くない理由はここにある。特定の管理者が存在する以上、管理者がその権限を行使して自分に有利になるような不正を行うことが物理的に可能になるからだ。

リップルコインは金融機関を対象とする決済に特化したソフトウェアを開発するリップルラボというアメリカの企業がその管理権を持っている。この会社には検索サイトの王様であるGoogleやシリコンバレーに拠点を構える企業が出資している。つまり株式会社によって管理されている以上、ロスチャイルド傘下の企業に買収されてしまえばそれまでということになる。

決済スピードが圧倒的に速い

ビットコインの最大のデメリットは決済スピードの遅さにある。ビットコインでは1回の決済に10分〜15分もの時間がかかってしまう。そのため、個人が買い物をするのにはあまり向かない決済手段だ。しかし、リップルコインはこの問題をクリアしている。

リップルコインが決済に要する時間は5秒前後とクレジットカードと大差はない。そのため、リップルコインは、個人の決済には向いているのである。5秒前後で決済が済むならば、クレジットカードと同じ感覚で利用することが可能になる。これがリップルコインが注目されている大きな理由のひとつである。

何かあれば凍結や差し押さえが可能

リップルコインは先にも述べたように、リップルラボという特定の管理会社が存在する。だから最終的には国家権力でリップルコインのあるウォレットを凍結したり、差し押さえたりすることが可能である。こうした点は銀行口座と大した差はないと言える。そうなると最終的には国家の力で操作されてしまう可能性も非常に高い。

だが、リップルコインには特定の管理会社がいるとはいえ、ネット上の通貨発行量は１０００億枚を上限とすることがリップルラボによって発表されている。そのため中央銀行や政府の意向で急に量を増やしたり減らしたりすることはできない。このように量を操作できないことは、リップルコインの信用の担保のひとつになっている。

リップルコインはロスチャイルドの仮想通貨!?

自分の通貨発行権を脅かす通貨が誕生して、あのロスチャイルドが何もしないはずがない。当然ながらビットコインに対抗する仮想通貨を作ったのだ。その仮想通貨こそがRippleだ。リップルコインがロスチャイルド側の通貨であるとしか考えられない根拠はいくつかある。

■根拠その1　中央主権を持っている

ビットコインは中央主権を必要としない仕組みを世界で初めて誕生させた通貨として歴史に残ることは間違いない。先にも述べたとおり、ビットコインは銀行券とは違って中央主権及び特定の管理者が存在しない以上、特定の人間の都合で改ざんや不正ができない仕組みだ。

また銀行口座のように凍結や差し押さえもできない。今まで預金封鎖が行われた国はいくつかある。アルゼンチンやキプロスが有名な例だが、日本は現在法律を改正することなく預金封鎖ができるようになっている。つまり、日本国内の銀行に預けている預金は政府の管理下にある。だが、ビットコインには差し押さえ、凍結、封鎖といった概念は一切ない。国家権力が及ばない領域だ。

ところが、リップルコインは違う。カリフォルニア州に拠点を置くリップルラボという会社が管理しており、日銀券と同様に凍結や差し押さえが可能となっている。だからリップルコインはビットコインと性質が根本的に違う。中央主権を持つ仮想通貨は管理者都合で不正や改ざんが物理的にできてしまう。リップルコインがロスチャイルドの仮想通貨である根拠のひとつが中央主権を持っている点だ。だが、根拠は他にもある。

■根拠その2　Rippleという文字はAppleやGoogleと同様、逆さまにすると666という数字が隠れている！

悪魔教が666という数字を好むことは広く知られている。このタイプの本を購入する読者であればわかりきっていることかもしれない。世界最大の検索サイトのgoogle、そしてiPhoneというヒット商品を生み出したApple。これらの文字を逆さまにすると666という数字が隠れていることがわかる。googleの場合、gの2文字とeの字が6に見え、Appleは2つのpとeの文字が6に見える。それぞれ3つあるわけだ。つまり、6×3＝666。悪魔教はこんな形で仲間内にだけ理解できるような暗号をいろんな分野で使っている。
筆者の訳書『フリーメーソン・イルミナティの洗脳魔術体系』で詳しく記されているのでまだ目を通してない読者はそちらも読んでいただきたい。ロスチャイルドを中心とする秘密結社がどれだけ悪魔教と親密であるか理解できる。

特に666というこの数字はいろんな場面で目にすることがある。この666は仮想通貨の中にも潜んでいるのだ。Rippleという文字を逆さまにすると2つのpとeが6を暗示している。ご覧のとおり、悪魔教が好む悪魔の数字666が隠れているではないか！　これが偶然にしてこうなったわけがない。これはロスチャイルドがリップルコインの裏に潜んでいることを暗示しているのだ。

グーグル社はリップルコインに出資している。

さらにリップルのロゴは斜めに傾いたピラミッドの形をしている。中央主権を持つ、666という数字を暗示しているグーグル社が出資しているこ

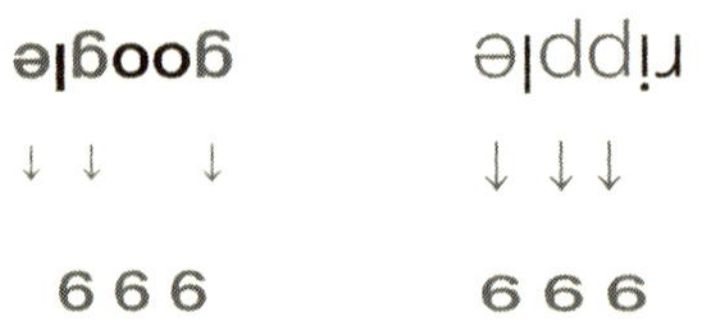

と及び名前に666が暗示していること、ロゴがピラミッド形であること。これらの事実を見てロスチャイルド及びイルミナティが絡んでないと否定する方が難しい。

そして日本ではSBIホールディングスが大量にリップル（XRP）を保有している。既存の銀行が大量に保有するということも、ロスチャイルドが裏で絡んでる証拠だ。そしてリップルコインを取り扱う取引所をオープンするとまで発表している。これは、仮想通貨の基軸通貨であるビットコインに代わってリップルコインを基軸通貨にする作戦と見ていい。これらの事実を見て言えることは、リップルコインは悪魔の仮想通貨であるということだ。

仮想通貨に参入するメガバンク

メガバンクのひとつである三菱東京UFJ銀行が独自の仮想通貨「MUFGコイン」を発行すると発表し、2017年の秋にデモンストレーションが行われた。しかし、メガバンクとはいえ、このように銀行が独自で発行する仮想通貨とビットコインは根本的に異なると言っていい。

ＭＵＦＧコインは、三菱東京ＵＦＪ銀行という発行元が存在し、しかもこの発行元は企業である。発行元が企業であるということは、ある意味、株と同じようなものである。企業の業績が良い時は価値が上がり、利用者にメリットをもたらすが、企業の業績が悪化した時は確実に価値が下がってしまう。すなわちＭＵＦＧコインの価値は発行元の企業の業績次第ということになる。そのため、「ＭＵＦＧコイン」が円やその他の通貨を脅かすとは考え難い。

今後９割以上の銀行が潰れる⁉

今後、仮想通貨による決済を中心とした流れはますます普及していくだろう。そうなると銀行は役目がなくなる。近い将来、９割以上の銀行が潰《つぶ》れると推測する人もいるくらいだ。そこまでいかなくても体力のない多くの地方銀行が倒産することは間違いない。そして生き残った銀行のサービスは確実に良くなっていくことになる。仮想通貨との競争にさらされるわけだから当然である。

顧客を満足させなければたどり着く先は「倒産」以外にない。これまで政府に身分を保障されてきた銀行は、今後確実に仮想通貨との競争にさらされ、サービス向上を徹底していくしか生き残る道がないのである。

仮想通貨との競争にさらされる銀行は生き残りをかけてサービスを良くしていく

貨幣の最大の問題は、中央銀行がその発行権を独占している点だ。一般の民間企業とは違って競争がない。中央銀行は公務員のような存在。競争がなく、仕事を独占している状態だ。読者の皆さんも役所で職員の仕事のいい加減さや、やる気のなさにイラッとしたことは一度や二度はあるだろう。

彼らは競争する相手がなく、リストラという概念もないから利用者にどう思われようと知ったことではない。中央銀行も同じだ。競争相手がおらず、どんな人も例外なく自分たちが発行権を独占する貨幣を使用しなければならないことを知っている。だからやりたい放題できたのだ。だが、いくら通貨発行権を独占しているとはいえ、時代の流れには逆らえない。仮想通貨は銀行券より圧倒的な便利さを誇るため、これからは仮想通貨を利用する人が増える一方だ。

事実、ビットコインには分裂問題が起きていた。これは簡単に説明すると、利用者が増えすぎて処理が全然追いつかなくなったことから起きた。そこで処理能力を上げるためにいろいろな案が出された。ハードフォーク、ソフトフォーク、Segwitといった問題だ。話題がそれてしまうため、これに関しては措《お》いておくが、ともかく、ビットコインの利用者が増えすぎたがためにこういう問題が出てきたということだ。ビットコインの次にシェアの大きいイーサリアムも同じような理由でこの問題が起きた。何がいいたいかと言うと、仮想通貨利用者は世界中で増える一方の状態にあるということだ。ビットコインやアルトコイン（ビットコイン以外の仮想通貨をまとめた呼び方）は今後確実に銀行の巨大な敵となっていく。そうなると銀行が実質初めて競争にさらされることとなる。

第5章

法整備されていない今が資産をビットコインに移す時期！
これからの世界の決済は仮想通貨が中心となる

物々交換からビットコイン誕生までの歴史／貨幣の歴史は物々交換から始まった

元々、人々は物々交換をして取引をしていた。日本を例にとると、漁師と農家がわかりやすい。漁師は獲《と》った魚を与え農家からお米を得て、農家は魚を得るために漁師にお米を与えるなどして物々交換が成立していた。

しかし、それは両者が欲しい時にしか成立しない取引であり、魚や米のどちらかが余ってしまうケースがどうしても出てくる。そこで生まれたのが「お金（マネー）」に換えるという発想である。それは、コミュニティ内で共通認識として価値があるツールを介して物を交換するというシステムで、大昔は貝などを使っていたという。つまり、先ほどの例で言うなら漁師は魚を欲しいという人に対して、貝（お金）という価値を得る代わりに魚を与えるということだ。

こうして物々交換ではなく、お金によって取引ができる仕組みが誕生した。

しかし、貝は誰でも簡単に得ることができたため、現代通貨のように価値が安定しなかったのは言うまでもない。そこで誕生したのが金（ゴールド）だった。

金（ゴールド）を担保とした貨幣が誕生

かつて貝で交換をしていた人類が共通して価値のあるものとして注目するようになったのが、現在も不動の地位を誇る「金（ゴールド）」である。これは今から約２６００年ほど前に小アジア（トルコあたり）のリディア王国で鋳造された。さらにアジアを中心に文明が栄え、中国では紙幣が誕生した。紙幣が誕生した経緯には、製紙技術が中国から生まれたという要因もあるが、当時の「宋」という国の強い権力と管理体制によって、紙がお金としての信頼を与えられたことが背景にある。

そしてこの紙幣は、モンゴル帝国時代に、さらに強力な支配力のもと安定した紙幣としてユーラシア大陸全体で流通するようになる。当時アジアを旅していたヴェネツィア出身のマルコ・ポーロは、金ではなく単なる紙と物を交換している文明に驚いたという。

日本の例を出すと、1万円札は30円ほどの原価しかかかっていないが、誰もがこれを1万円の価値と見なしている。それは通貨発行権のある日銀や日本政府が当時のモンゴル帝国のような信頼を作り出しているから成り立っているのである。余談だが、バンク（銀行）という単語は、同じ頃の北イタリアから来ているらしい。

そして世界で貨幣経済が発達すると、異なる通貨を交換して手数料を得る両替の商売や、利子をつけてお金を貸すといったことをして儲ける人が出てきて、それが現在の金融業へとつながったのだった。

国家によって管理されるようになった通貨

世界で特に安定していると言われる通貨は、米ドルを中心に、円、ユーロ、ポンドなどだが、本来お金というものは社会情勢によって価値が揺れ動くものである。

人類は長年、金（ゴールド）を価値があるものとして信じ、戦後には金本位制（ブレトンウッズ体制）が強化された。これによって1ドル（360円）で、一定の金と交換できる「兌換《だかん》紙幣」を前提とした固定相場制の流れが進んだ。

しかし、アメリカのベトナム戦争の赤字などによって、ドルの国外流出が起こり、貨幣と金を交換できる裏付けが持てなくなると、ニクソンショック（ドルと金との固定比率での交換停止）が起こった。この流れを受けて、為替市場は変動相場制へと移行した。

しかし、金の担保がなくても、今でもドルはその価値を保っている。なぜ価値あるものと見なされているかというと、それはドルが世界中に流通していること、また金（本当の金なのかは、実際のところは不明だが）を保有するFRBが適切に通貨供給量をコントロールしているという信用があるためと言われている。そしてロスチャイルドは、国家によって管理されるこの通貨の発行権を独占して（第2章参照）、圧倒的な権力を得ることに成功したのだ。だが、その時代も終わりを迎えつつある。

通貨を操作できないロスチャイルドの権力は確実に衰退していく／世界は「逆産業革命の真っ只中」

18世紀から19世紀半ばに起きた産業革命は製造を工場制機械工業中心とするものだった。それまで小規模の会社や個人でやっていた産業を大きな工場で機械を利用して生産性を上げるというものだ。だが、大きな工場の建設には莫大な設備投資費用がかかり、小規模の企業ではとても手が出せない。その結果、世界では様々な技術や権限が一部の富裕層に集中することになった。

産業革命では零細企業と言われる小規模の企業の多くが潰れたという事実もある。資金力が豊富で、最新の機械を導入した設備を持つ工場との競争に零細企業が勝てるはずもなかった。紙幣は中央銀行によって発行され、それから大企業を通じてやっと庶民に回る仕組みになっていたわけだから、産業革命は結果として人民を支配することになった。

だが、インターネットによってその仕組みがひっくり返ろうとしている。第

2章ではロスチャイルドが人民を支配していた〝トリック〟について述べた。彼らは、流通量よりも多くのお金を融資して、わざと返せないようにして、土地といった実物資産を強奪してきた。このようにして我々は実質、彼らの支配下に置かれることになってしまったのだった。

だが、それを変える可能性を持っているのがビットコインである。ビットコインは特定の人間によって数量を増やすことができない上に、円やドルとは違って決済履歴や数量が誰でも確認できる体制になっている。だからロスチャイルドが勝手にこれを操作するような真似をすればすぐにバレてしまうことになる。筆者が仮想通貨が世界から戦争をなくすことができると主張している根拠もここにある。ロスチャイルドが勝手に量を増やすことができない以上、戦費を調達することは不可能なのだ。

また、国際送金がビットコイン中心となれば、ロスチャイルドが牛耳る銀行を潰すことさえ可能になる。

マイナンバー運用の本格化で国民の預金口座が丸裸にされる！

これからはマイナンバーの運用が本格化していく。マイナンバー制度によって、国民の銀行口座は丸裸にされていくだろう。今後も国民から税金を取りたいがために国家は正確な資産額を把握したいのだ。

日本には数多くの銀行口座が存在する。法人と個人を合わせると10億口座も存在するというから、単純計算すると、国民1人あたり10個もの口座を保有することになる。これだけの数があるため、マイナンバー制度のような仕組みを作らなければ、すべての口座を把握するのは不可能である。マイナンバー制度の目的はここにあった。

マイナンバーの運用が本格的になれば金融取引の履歴も丸裸にされる。金融資産の把握とその動きを知ることによって、今後どのぐらい国民から税金が取れるのかを計算することができるのだ。しかも海外から日本国内の口座に国際送金する際には、口座名義人が銀行にマイナンバーの届け出をしていないと、送金しても送り返されてしまうというとんでもないシステムとなっている。

海外から日本国内へ国際送金する場合はすでにマイナンバーが必須となっている

２０１７年４月現在では、国内間の送金はマイナンバーがなくてもできるが、海外から送金する場合はマイナンバーが必須になっている。海外在住の多くの日本人がこの制度に頭を悩まされている。というのは、マイナンバーは日本に帰国をして役所に出向かないと取得できないからだ。海外在住者が銀行にクレームの連絡を入れたところで「帰国してマイナンバーを取得して当行へ届け出をして下さい」と言われるだけである。

これも金融機関を通じて海外へ資産を移したり、または海外から資産を移動させたりする動きを把握して課税する狙いがあるのが明らかだ。銀行によっては２０１８年12月末まで猶予機関を設けているところもあるが、それはごく少数で、マイナンバーがないと、ほとんどの銀行は国際送金ができないような仕組みになっている。個人のお金の流れをどこまでも徹底的に調べるこの姿勢は恐ろしいとしか言いようがない。

資産の一部をビットコインに移そう！／法整備されていない今が移す時期だ！

では、資産をすべて丸裸にされて奪われないためにはどうすればいいのか。それは、ビットコインのウォレットを作って資産を移すことである。ビットコインのウォレットは、ネット上で誰もが簡単に作成が可能なので、ぜひ作っておくことをおすすめしたい。

だが、注意点もある。日本では仮想通貨に関しては法整備が十分でない。例えば、株の場合、インサイダー取引があると警察に捕まることになる。だが、仮想通貨は何の規制もないから、仮にインサイダー取引をしても罪に問われることはない。これを悪用して、法律がちゃんと整備されてないのをいいことに仮想通貨に関する詐欺商品も多数出回っているのだ。こうした詐欺商品にだまされないようにしてほしい。

また、ビットコインに資産を移すとしても、移すべきなのは一部の資産であって全財産をビットコインにするのはリスクが高すぎる。この点も注意してほしい。ビットコイン自体には問題はないのだが、現実の通貨に対する価格変動の影響を受けて、大きな損をする可能性がないともいえない。こうしたリスク管理もきっちりと行ったうえで、しっかりと自分の資産を守ってほしいと思う。

国家権力が及ばないブロックチェーンで不当な課税政策から逃れることができる！

日本国内にもビットコインやその他の仮想通貨を取り扱っている業者はあるが、日本国内の業者となると当然ながら金融庁の影響下にある。金融庁の影響下にあるということは、それは国家の権力でどうにでも操作できるということだ。日本国内の業者の場合は、当然マイナンバーを提示しなければならなくなる。こうした理由から、筆者は個人的には国家権力が及ばない海外のサイトで仮想通貨のウォレットを作ることをおすすめする。

今後も増税の流れは止まらないだろうし、日本国内の金融機関や仮想通貨取り扱い業者に預けても、課税される可能性が高い。しかし、ブロックチェーンにまで国家権力は干渉することはできない。また、万が一把握できたとしても、国内の金融機関の口座のように凍結させたり、差し押さえたりすることは不可能である。

繰り返しになるが、ビットコインには特定の管理者が存在しない。だから差し押さえたくても差し押さえができないのだ。国家権力でできるのはあくまでも把握することまで。だから個人も法人も、全額とは言わないまでも、生活や事業で使っていない余っている資金をビットコインに移すべきである。

ビットコインで預金封鎖からも資産が守れる!

日本では、現行法の下で我々国民が銀行に預けている預金を封鎖することができるようになっている。預金封鎖というと、銀行の預金を全額引き出せなくなるようなイメージを持っている人も多い。それも間違いではない。しかしそれだけでなく、１日に引き出せる額を制限（上限を設けること）することも預金封鎖と言える。

先にも述べたが、現在ＡＴＭで1日に引き出せる上限は50万円となっている。これは振り込め詐欺に対する対策とされているが、その振り込め詐欺に関する数えきれない報道も、お金の移動に制限をかけるために誰かが意図的に仕組んだのではないかとさえ思える。

これがビットコインなら「下ろすのは1日に○○枚まで」というバカげた制限はない。ビットコインは中央銀行に発行権があるわけではないから、政府はこれを封鎖する法律も作りようがないのだ。このような点からも、ビットコインは政府の不当な預金封鎖から資産を守るひとつの手段であることは間違いないと言える。

1BTCが今後1000万円に⁉

資産をビットコインに移すなら、今こそ絶好のタイミングである。それは、ビットコインの高騰化が今後ますます加速することが予想されるからだ。

2017年10月の段階で1BTCは6000ドル以上（日本円で60万円以上）で取引されるようになったが、わずか1年前までは600ドル前後で取引されていた。これは日本円にすると7万円前後である。つまり、わずか1年の期間で10倍以上も価格が高騰したのだ。しかも、これから先も需要は増えると予想されている。なぜなら、個人も法人も今後はビットコインの決済をしていく機会が増えることは間違いないからだ。

需要が上がれば当然ながら価格も高騰する。しかもビットコインは無限にあるわけではなく、銀行券のように中央銀行や政府機関の都合で量を増やすこともできないため、供給が増えないなかで、需要だけが増えていくとしたら、その価値が高騰するのは当然である。

なかには、その価格が1000万円まで上昇すると予測する経済評論家もいるほどだ。将来のことは神のみぞが知ることだから本当に1000万円まで高騰するかどうかはわからないが、今後需要が増えていくことだけは間違いない。

経済破綻を経験したアルゼンチンは外貨やビットコインに対する意識が高い

仮想通貨の需要は、特に途上国ではこれから需要が伸びていくと思われる。これはどういうことか。

日本の「円」という通貨は世界的に見ると非常に安定した通貨である。だから日本で生活をする分には、円以外の通貨の必要性はそれほど感じないかもしれない。だが、途上国では事情が違う。例えば、南米のアルゼンチンは、2001年に債務不履行（デフォルト）に陥った。

その結果、何が起きたかというと、破綻した政府は2001年12月1日に預金封鎖を実施し、週に引き出せる金額の上限を250ドルとした。アルゼンチン国民はその時の苦い経験を忘れてはいない。そのため、米ドルや、隣国のブラジルのレアル、ウルグアイのペソといった外貨で貯金をする人が多いのだ。万が一アルゼンチンが再び破綻したとしても、ブラジルやウルグアイの銀行口座にある預金までも紙くずになることはない。

アルゼンチンのように自国の通貨の信用が低い国では、今後ビットコインの需要が増えていくことが予想される。

法規制と高騰化前に買うのが得策。今買わなくていつ買うの？

しかし、政府もいつまでも黙っているわけではない。ビットコインは、すでに課税対象になった。また、経済破綻を経験したアルゼンチンのような国で、そう遠くない将来、需要が急速に拡大することも予想される。だからこそ、ビットコインは今が買い時なのだ。一度資産を移してしまえば、あとはこっちのものだ。これからは仮想通貨で決済することが当たり前になる時代がやってくるのだから、それにそなえるだけである。

また、本書でも述べたように仮想通貨はビットコインだけではない。今後、ビットコインよりも便利な仮想通貨が登場した時には、そちらに移すことも可能だ。現実のお金から両替するよりも仮想通貨間の両替の方が簡単だ。

日本ではだんだんとお金の移動がしづらくなっている。ＡＴＭでは引き出せる額が1日50万円に制限されている。それ以上を引き出すには窓口に行って本人確認が必要となる。また海外に送金する時もお金の使い道などを金融機関に申告しないと送金できない仕組みになっている。個人のお金をどう使おうと個人の勝手であり、使い道に金融機関と政府が干渉するのはおかしな話である。そして今後もこの干渉はさらに厳しくなることが予想される。

しかし、ビットコインの資産であればいくら使おうが、海外に送金しようが、政府機関に申告する必要はまったくない。個人が本当の意味で自由に使えるお金の誕生、それがまさにビットコインなのである。

神楽坂♥《ハート》散歩
ヒカルランドパーク

「1％寡頭権力支配を撃ち砕くビットコインのすべて」出版記念講演

「ビットコインでロスチャイルドから通貨発行権を奪還し、世界を変えよう‼」セミナー

講師：宮城ジョージ

多様な情報ネットワークを駆使し、世界中を飛び回りながら、世界を変えようと奮闘する宮城ジョージ先生。そんな宮城先生が独自に入手した2018年最新のロスチャイルドたちの動向、そしてビットコインのこれからの未来について語っていただくセミナーです！

果たして、ロスチャイルドたちは自分たちの立場を脅かすビットコインに一体どんな手を打ってくるのでしょうか？

「仮想通貨って何？」という方から「自分もビットコインを持ってみたい」、「個人の資産を国家や権力者たちから守りたい！」、「理不尽な通貨制度に支配されている世の中を変えていきたい！」という方まで、ビットコインの様々な可能性を余すことなくお伝えします。

日時：2018年1月26日（金）　開場 17：30　開演 18：00　終了 20：00
料金：5,000円　会場＆申し込み：ヒカルランドパーク

ヒカルランドパーク
JR 飯田橋駅東口または地下鉄 B1出口（徒歩10分弱）
住所：東京都新宿区津久戸町3－11 飯田橋 TH1ビル 7F
電話：03－5225－2671（平日10時－17時）
メール：info@hikarulandpark.jp　URL：http://hikarulandpark.jp/
Twitter アカウント：@hikarulandpark
ホームページからもチケット予約＆購入できます。

宮城ジョージ　みやしろ じょーじ
父が日本人で母がブラジル人。生まれてから10歳までの幼少期はブラジルで過ごし、それから父の仕事の都合で帰国。高校卒業後、職を転々とし、それからＪリーグ・モンテディオ山形でブラジル人選手の通訳として勤務。その後は一般企業に転職するものの、英語を話せるようになりたいと思い退職してワーキングホリデービザで１年間オーストラリア留学（シドニー＆メルボルン）を経験。帰国後フリーランスジャーナリスト＆翻訳家として活動を開始。日本語、英語、ポルトガル語、スペイン語、イタリア語、ガリシア語（スペイン・ガリシア州の土着語）が堪能。著書に『99％がバカに洗脳された国NIPPON！』があり、訳書には『CODEX MAGICA フリーメーソン・イルミナティの洗脳魔術体系』『あなたの日常に潜む、異常人格者　サイコパシー』がある（いずれもヒカルランド刊）。
YouTube：
https://www.youtube.com/channel/UCdEFsm9thzqmmis2UnVWW4A
フェイスブック：https://www.facebook.com/george.miyashiro
ツイッター：https://twitter.com/georgemiyashiro

こうしてロスチャイルドの金融支配は崩壊する
1%寡頭権力支配を撃ち砕くビットコインのすべて

第一刷　2017年11月30日

著者　宮城ジョージ

発行人　石井健資

発行所　株式会社ヒカルランド
〒162-0821　東京都新宿区津久戸町3-11　TH1ビル6F
電話　03-6265-0852　ファックス　03-6265-0853
http://www.hikaruland.co.jp　info@hikaruland.co.jp

振替　00180-8-496587

本文・カバー・製本　中央精版印刷株式会社

DTP　株式会社キャップス

編集担当　田元明日菜

ISBN978-4-86471-500-3

ヒカルランド　　宮城ジョージの本 好評既刊!

地上の星☆ヒカルランド　銀河より届く愛と叡智の宅配便

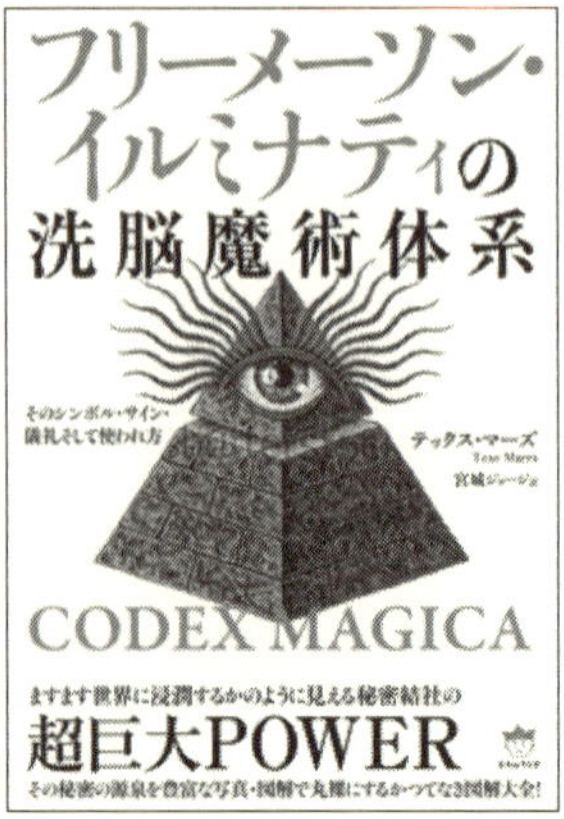

フリーメーソン・イルミナティの洗脳魔術体系
著者：テックス・マーズ
訳者：宮城ジョージ
Ａ５判ソフト　本体4,444円+税

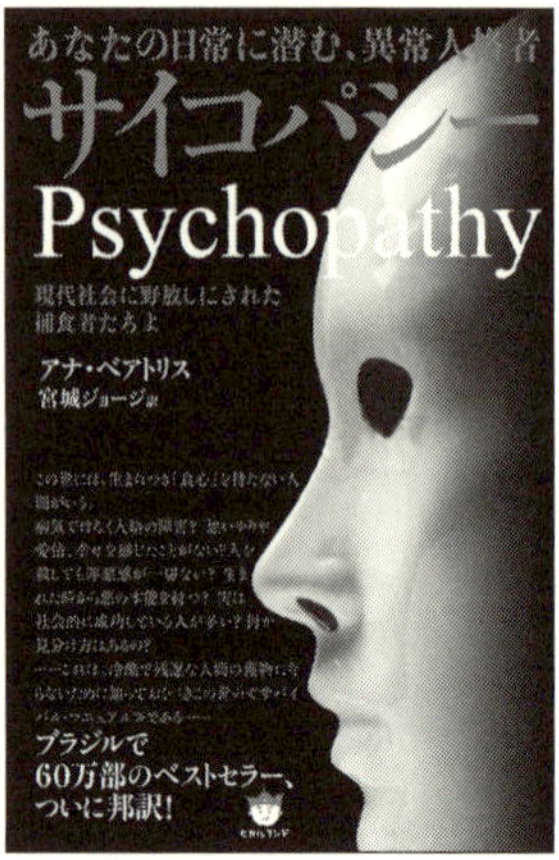

サイコパシー
著者：アナ・ベアトリス
訳者：宮城ジョージ
四六ソフト　本体1,750円+税

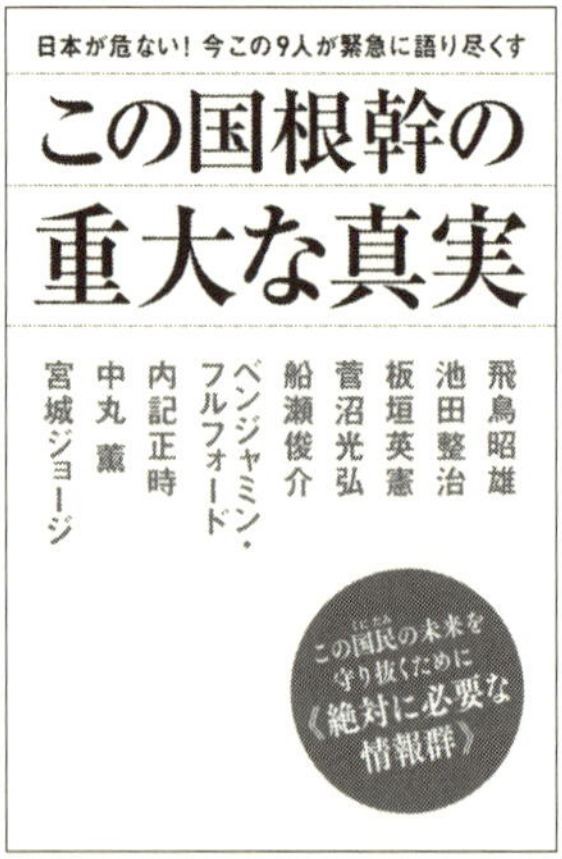

この国根幹の重大な真実
著者：飛鳥昭雄／池田整治／板垣英憲／菅沼光弘／船瀬俊介／ベンジャミン・フルフォード／内記正時／中丸 薫／宮城ジョージ
四六判ソフト　本体1,815円+税

ともはつよし社　好評既刊！

ユダヤのタルムード

中丸薫・池田整治［監修］

デ・グラッペ［著］久保田榮吉［譯者］

ユダヤ人は『旧約聖書』+『タルムード』——その聖なる経典『タルムード』の一部に記された惨すぎる掟を、我々はどう受け止めればよいのか？ "狂ってる！"と言って切り捨ててしまえば、それで済むことなのか？ それは人類に等しく秘められた奥深き心の闇として、乗り超え、統合すべくものとして与えられた試練なのかもしれない！

ユダヤのタルムード
著者：デ・グラッペ
譯編：久保田榮吉
監修：中丸薫・池田整治
本体3,333円+税

安江仙弘著

ユダヤの人々

國際秘密力研究叢書第一冊

ユダヤの『ゴールデンブック』にも名を連ねる
ユダヤ研究の第一人者が
戦乱渦巻く昭和十二年に書き上げた超極秘文書を完全公開!!

ユダヤの人々
著者：安江仙弘
本体3,333円+税

船瀬俊介+ベンジャミン・フルフォード［監修］

新聞とユダヤ人

武田誠吾［著］

何者が戦争を企画遂行し、その最終目標はどこにあったのか!?
戦時中の超極秘資料発掘
——日本中枢は「國際秘密力」の恐るべき策謀を知り尽くしていた——
しかし戦後、日本人からすっぽり抜かれてしまった情報、
今なお暗躍する國際秘密力の情報がここに甦る！

新聞とユダヤ人
著者：武田誠吾
監修：船瀬俊介+ベンジャミン・フルフォード
本体3,333円+税

国家権力さえ遥かに凌ぐ
《医療支配者たち》の巨大犯罪

医療殺戮

内海聡［監修］天童竺丸［訳］
ユースタス・マリンズ［著］

内海聡氏絶賛！
「私の医師としての人生を転換させた書！
出来るだけ多くの人に読んでいただきたい驚愕の真実！」

医療殺戮
著者：ユースタス・マリンズ
監修：内海 聡
訳者：天童竺丸
本体3,333円+税

ともはつよし社　好評既刊！

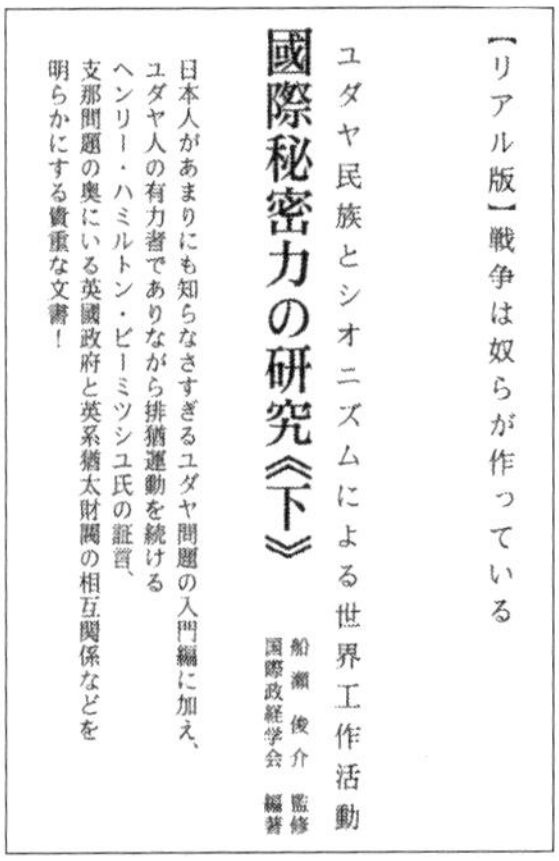

【リアル版】戦争は奴らが作っている
國際秘密力の研究《下》
編著：国際政経学会
監修：船瀬俊介
本体3,333円＋税

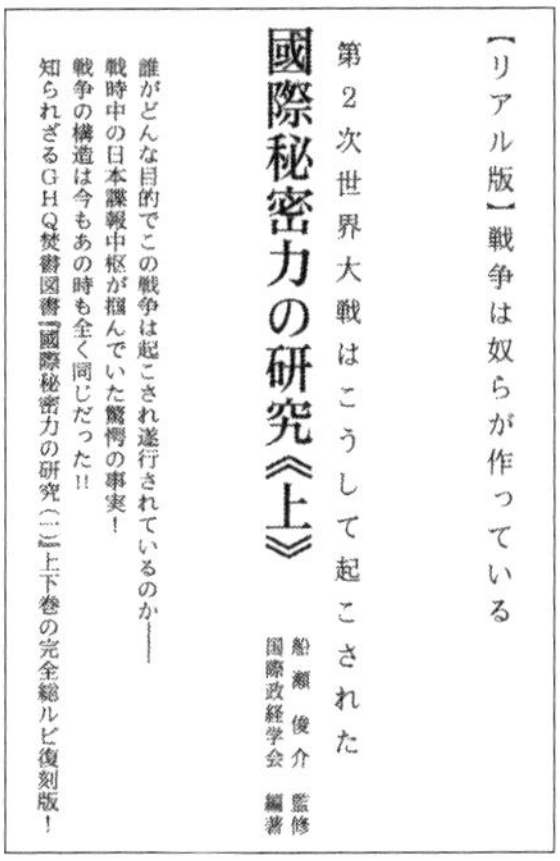

【リアル版】戦争は奴らが作っている
國際秘密力の研究《上》
編著：国際政経学会
監修：船瀬俊介
本体3,333円＋税

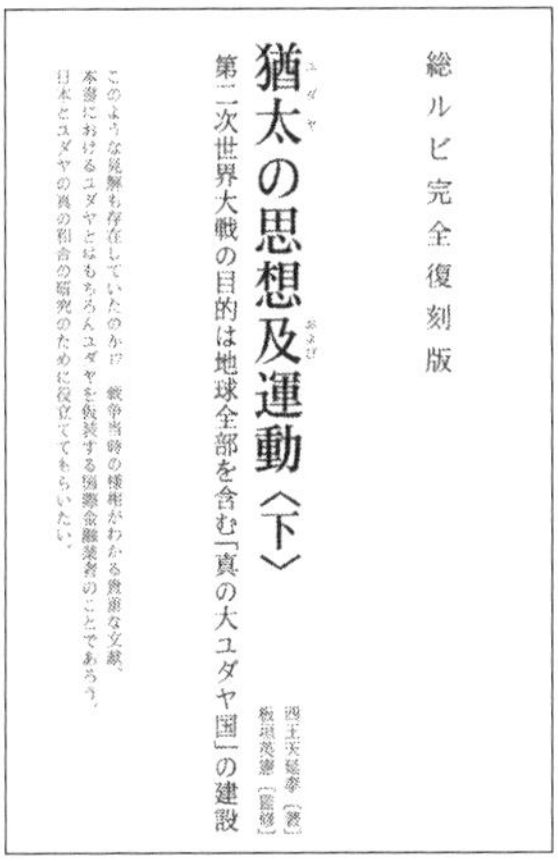

総ルビ完全復刻版
猶太《ユダヤ》思想及《およぴ》運動〈下〉
著者：四王天延孝　監修：板垣英憲
本体3,333円+税

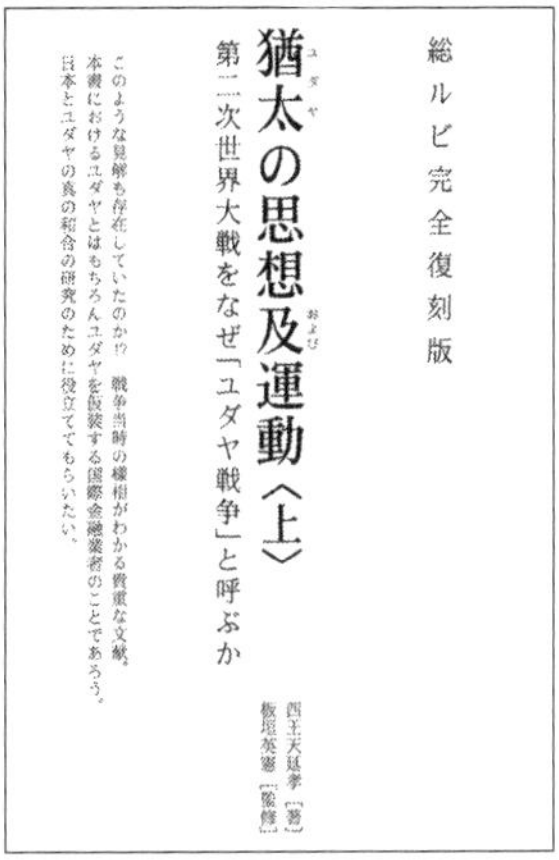

総ルビ完全復刻版
猶太《ユダヤ》思想及《およぴ》運動〈上〉
著者：四王天延孝　監修：板垣英憲
本体3,333円+税

③ 臨床試験によって「血管拡張」「血行改善」が明らかに

多くの研究機関で効果を実証。国立大阪大学付属病院の関連施設で、褥瘡（じょくそう）改善効果が確認されています。また、国立帯広畜産大学では、動物による血管拡張試験で、血管、血流改善が報告されています。

④ 安心の日本製！　約20年の実績

北海道の厳選したブラックシリカを使用した「蓄熱マテリアル」と合成樹脂を混ぜ、薄く伸ばした生地を裁断、縫製します。鉱石の採取は社長自ら行い、改良を重ねた工程における作業はすべて日本国内で行っています。

⑤ 米国 FDA 医療機器認可登録

米国食品医薬局（FDA）の厳しい審査をパスして認可登録された信頼の商品です。その効果は海外でも注目され、サウジアラビアでは、国立病院でスーパーメディカルマットを導入しているほどです。まさに世界が注目しているマットです。

出先でも使用できる携帯用サイズもあります♪

※写真は椅子にマットを敷いたものです。

デスクワークや車の運転など、長時間の同姿勢による血行の滞りの予防・改善にお使いいただけます。持ち運びやすい携帯用マットで、体の内側からぽかぽかに！

スーパーメディカルマット携帯用
販売価格　97,200円（税込）

★サイズ：45cm×98.5cm×厚み0.3cm
材質：ダブルラッセル、蓄熱マテリアル
色：赤
生産国：日本

ヒカルランドパーク取扱い商品に関するお問い合わせ等は
メール：info@hikarulandpark.jp　　URL：http://hikarulandpark.jp/
03-5225-2671（平日10-17時）

本といっしょに楽しむ ハピハピ♥ Goods&Life ヒカルランド

◉ スーパーメディカルマット

（米国 FDA 医療機器認可登録）

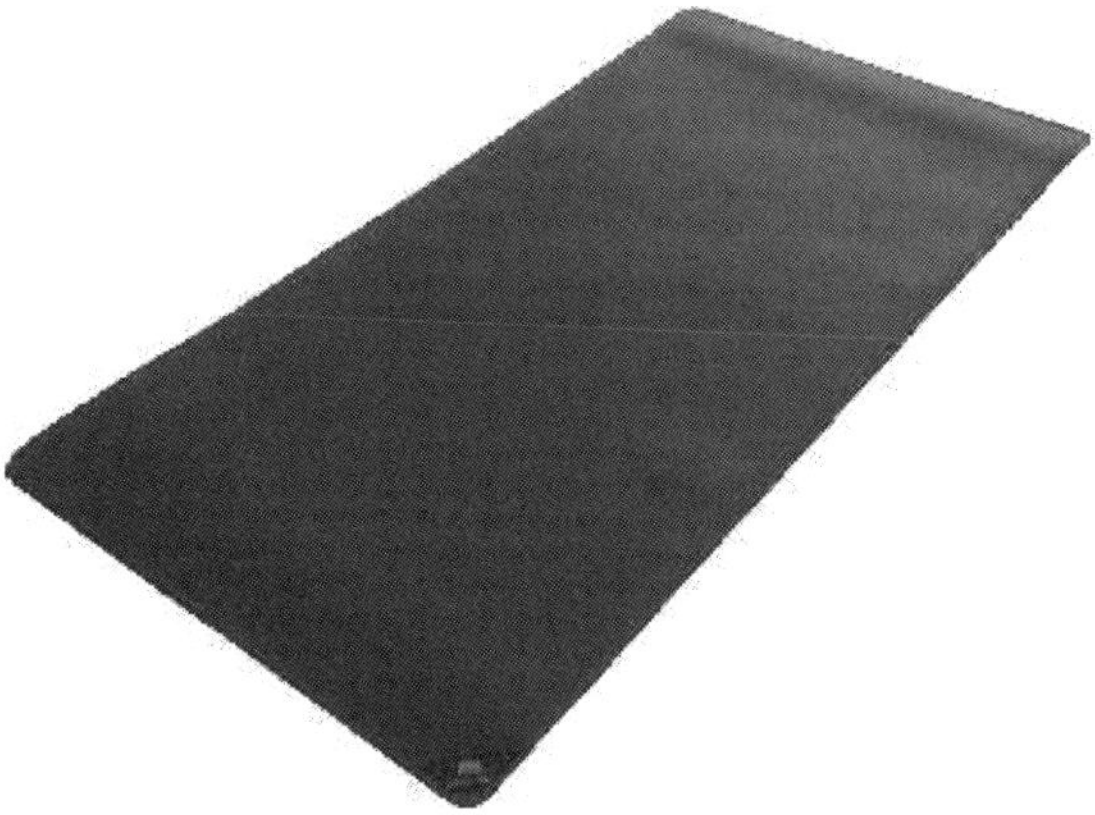

スーパーメディカルマット
販売価格　388,800円（税込）

★サイズ：90㎝×180㎝×厚み0.6㎝
　材質：ダブルラッセル、蓄熱マテリアル
　色：赤
　生産国：日本

世界に認められた、保温によって健康を促進するマットです！

高い温熱・保温性で、医療予防や寝たきりの予防にはもちろん、健康促進にも。年齢、性別問わず家族全員でご使用が可能です。

① 電気を使わず、温熱効果でぽっかぽか
電気を使用する用具は単にカラダを暖めるだけで、必要な水分を奪ってしまう危険性も。スーパーメディカルマットは、電気不使用、赤外線の効果でカラダの内側から熱を生み出し、カラダを温めます。

② 赤外線の「育成光線」で細胞を活性化
スーパーメディカルマットは10〜12ミクロンの波長光線を出します。４〜14ミクロンの波長は「育成光線」と呼ばれており、生体の育成に欠かせないエネルギーが集中している重要なものといわれ、細胞を活性化させる特性があります。

老化や体のあらゆる不調を抑制する圧倒的成分量

視力回復 アントシアニンがブルーベリーの約３倍！

精力増強 アルギニンがマカの約２倍！

美肌効果 アミノ酸（18種類）がプラセンタの約1.5倍！

生活習慣病や血圧上昇の抑制 ポリメトキシンフラボンがシークワサーの約100倍！

● 原産地では長生き・健康は当たり前

クロガリンダの原料である黒ガリンガルは、東南アジアの秘境と呼ばれる限られた地域にのみ生息する大変に希少な植物です。およそ1200年前に伝染病がその地域に蔓延した際に、神様が男の子の前に舞い降りて黒ガリンガルを食べるよう指示し、この重大な危機を救いました。それ以降、「山の神様の贈り物」として崇められ、現地の人はシャーマンの指示のもと自然栽培で育てられた黒ガリンガルを毎日生で食べるようになったそうです。
その結果、この地域では80代でも皆現役で働き、子づくりをしたりと、現在でも平気寿命が60歳程度の東南アジアにあって明らかに他の地域とは異なる様子がうかがえます。介護問題が深刻化しつつある日本とは異なり、寝たきりとも無縁なのです。
そんな魔法のような黒ガリンガルを、原料の厳選から加工にもこだわって製品化。薬剤は一切使わずに低温処理で酸化を防ぎ、限りなく現地で食べられている生に近い状態になるよう手間暇かけて生まれたのが「クロガリンダ」なのです。

山の神様の贈り物・
黒ガリンガル。

クロガリンダ

■ 15,984円（税込）

●原材料：黒ガリンガル粉末、ゼラチン

●内容量：37ｇ（370㎎×100カプセル）

●１日２～４粒を目安に、水またはぬるま湯とともにお召し上がりください。

東南アジアの秘境発、門外不出の山の神様の贈り物
老化や病気知らずの体をつくる魔法の植物

● 酸化・糖化・炎症すべてに高い作用が働く

人間の肉体の劣化は酸化、糖化、炎症の３つの反応によって起こります。特に糖化は糖分とたんぱく質が結びついて起きる反応で、AGEs（糖化最終生成物）を発生させ人間の体に害を与えます。脳で起きた糖化はアルツハイマー病に、血管で起きた糖化は動脈硬化に、骨で起きた糖化は骨粗しょう症にといった具合に、あらゆる生活習慣病は糖化が原因で起こります。現代の日本人は特に食事と生活習慣のバランスが乱れ、糖化が進んでいる方が増えていると言われます。糖化は言い換えれば老化であり、体のコゲでもあります。そこで抗糖化は健康・長生きに重要となってきますが、酸化は還元できるのに対し、糖化は元に戻りません。

健康食品クロガリンダの原料である東南アジア原産の黒ガリンガルは、同志社大学生命医科学部や京都大学薬学部などとの共同研究により、糖化反応そのものを抑制し、すでにできてしまったAGEsを分解・排出する働きが確認されています。これは単一の食べることが可能な植物では他に類を見ません。さらに、根茎類では通常は脳関門を通らないとされる成分が届き、特に抗糖化が進みやすい脳にも作用します。

抗糖化だけではなく、高い抗酸化、抗炎症作用も確認されており、研究者も自然の奇跡とも呼べるその驚異の働きに驚かされてきました。

こんな様々なトラブルに期待できる

冷え性、むくみ、肥満、炎症、アレルギー、性能力、脱毛、酸化、糖化、脳機能、その他生活習慣による不調など

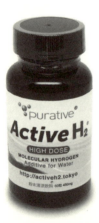

本といっしょに楽しむ ハピハピ♥ Goods&Life ヒカルランド

セルフォ（正式名 / セルフ・オーリング・テスター）

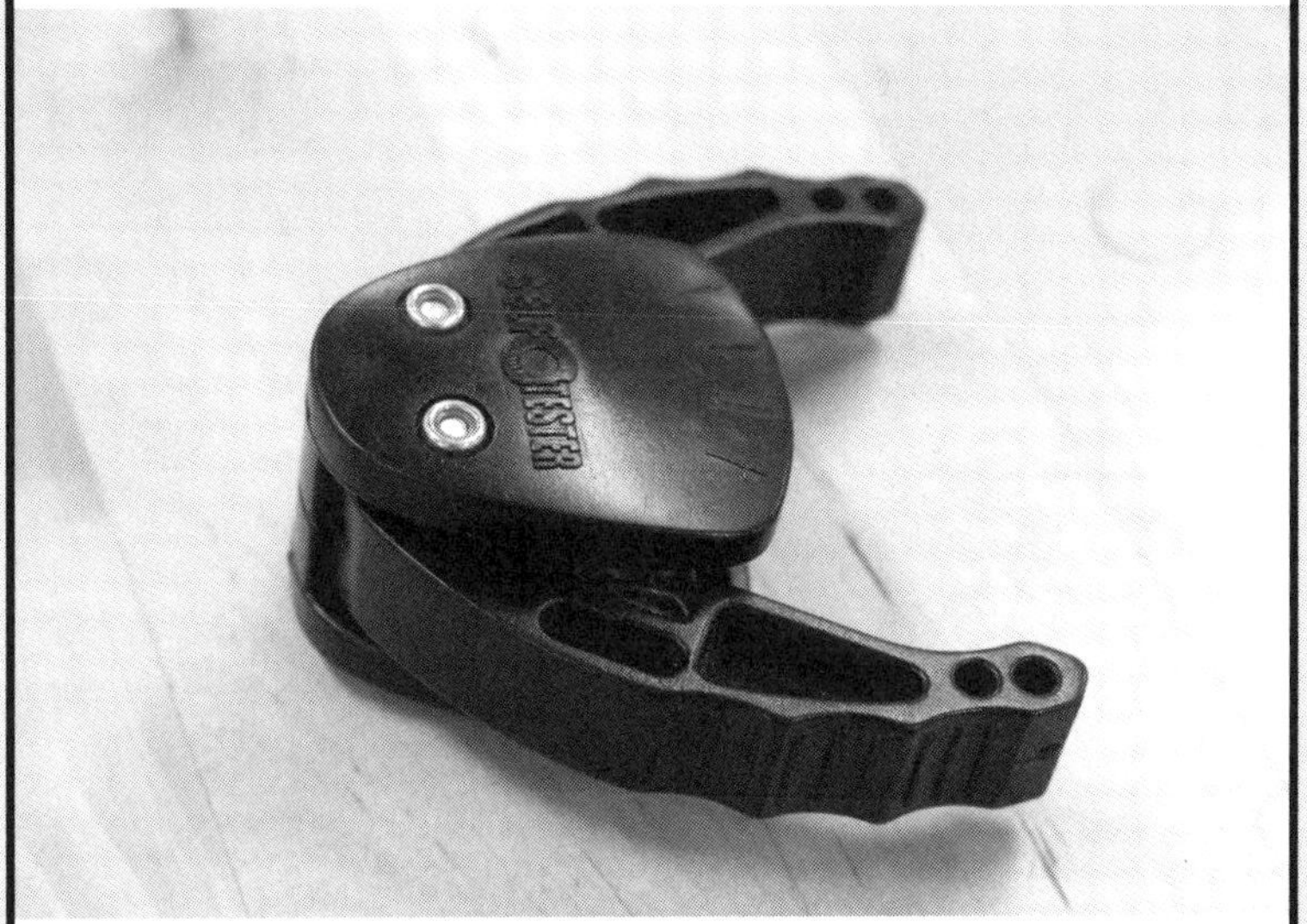

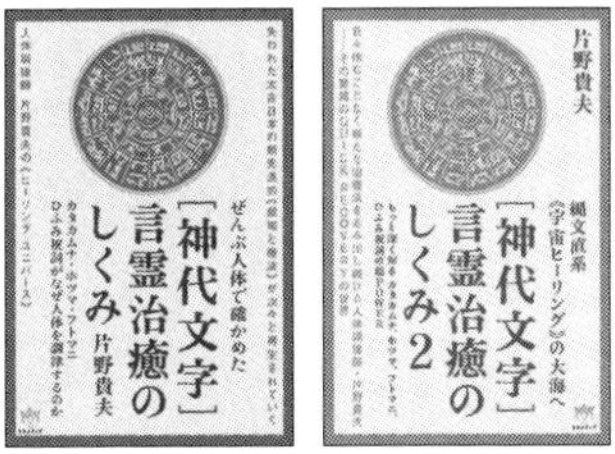

片野貴夫氏の本

片野貴夫氏プロデュース

オーリングテストって知ってますか？　２本の指で丸い輪を作り、相手も指で丸い輪を作って、その相手の丸い輪を引っ張り、輪が開くかどうかで様々なことを判断します。代替医療をはじめ医学界でも注目を集めているテスト方法です。従来、オーリングテストは２人でしていましたが、体の悪い部分、自分に合うもの合わないもの、薬の善し悪し、セルフォならひとりでも出来ます。
セルフォは小さくて軽いので持ち運びに便利。３段階設定なので、使用する人の握力に応じて使い分け可能です。あまり頼りすぎてもいけませんが、楽しんで使いましょう。

特許第3643365号
販売価格：3,780円（税込）

【お問い合わせ先】ヒカルランドパーク

ヒカルランド　好評既刊！

地上の星☆ヒカルランド　銀河より届く愛と叡智の宅配便

これが［人殺し医療サギ］の実態だ！
著者：船瀬俊介／ベンジャミン・フルフォード
四六ソフト　本体1,600円+税
超★はらはら　シリーズ034

世界一底なしの闇の国 NIPPON！
著者：船瀬俊介／ベンジャミン・フルフォード／菅野ひろし
四六ハード　本体1,843円+税
超★はらはら　シリーズ042

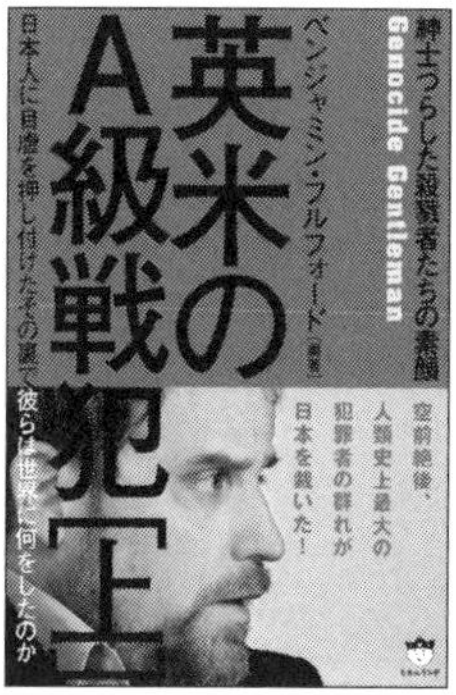

英米のA級戦犯［上］
Genocide Gentleman
著者：ベンジャミン・フルフォード
四六ソフト　本体1,556円+税

日本とユダヤと世界の超結び　その前に立ちはだかる壁について
著者：ベンジャミン・フルフォード／クリス・ノース
四六ハード　本体1,750円+税

知ったら戦慄する
嘘だらけ世界経済
著者：ベンジャミン・フルフォード／板垣英憲
四六ソフト　本体1,815円+税

特殊なこの国と天皇家の超機密ファイル
神の国の神がわれわれにさえも隠したもの
著者：吉田雅紀／菅沼光弘／板垣英憲／出口 恒／小野寺直／畠田秀生／飛鳥昭雄
四六ソフト　本体2,000円+税